山区
高速公路边坡
防控及养护

王华俊　卿翠贵　王绍亮　马玉全◎编著

中南大學出版社
www.csupress.com.cn
·长沙·

内容简介

本书系统总结了浙江省山区高速公路边坡防控及养护技术，包括公路边坡加固防护形式、边坡病害类型及成灾机制、边坡检查及日常养护、边坡病害防控技术和边坡崩塌（滑坡）工程实例等，内容全面，实用性强。

本书可供公路边坡防控和养护技术领域相关研究人员与管理技术人员使用，亦可供边坡工程勘察、设计和施工技术人员等借鉴参考。

编委会

◇ 编著单位

浙江省工程勘察设计院集团有限公司

浙江沪杭甬高速公路股份有限公司

◇ 编著者（按姓氏笔画排序）

马玉全　王华俊　王绍亮　王　琰

张立勇　张铁君　陈智超　郑存为

赵宗坚　姚文杰　卿翠贵　章　璇

梁　龙　董贤哲　董理金　蒋建良

鲁华桥　蔡国成　管仁秋　潘永坚

前言

浙江素有“七山一水二分田”之说，山区地形地质条件复杂，极易引发各类突发性地质灾害。随着山区经济的不断发展，高速公路不断新建并投入运营，浙江进入了高速公路运营时代。自1992年建设第一条高速公路——杭甬高速公路，经过30年的建设发展，截至2022年底，浙江省已经建设成沪杭甬、上三、甬台温、杭金衢、金丽温、龙丽丽龙、杭徽、申嘉湖杭、申苏浙皖等主骨架高速公路，并全面实现“县县通高速”，总里程达5289公里，路网密度达5.01公里/百平方公里，居全国各省(自治区)第三。由于边坡稳定问题，最近几年浙江高速公路边坡工程不同路段各种病害时有发生，以崩塌、滑坡、剥落、冲刷等地质灾害为主，且呈多发、频发态势，给公路安全运营带来不可估量的损失。因此，为了有效控制边坡工程灾害，减少由此造成的经济损失，对边坡工程病害总结分析，对成灾机制和防控技术进行深入研究；针对不同环境下的运营边坡采取合理养护措施，加强边坡的安全防控技术，对保障高速公路的安全运营具有重要的指导价值和现实意义。

本书共七章，全面整理了浙江高速公路边坡工程病害类型，并对典型病害成灾机制进行了归纳总结，提出了边坡安全风险检查及日常养护要求，同时对公路边坡防控技术进行了系统研究。

本书在撰写过程中，搜集并参考引用了不少行业科技论文、著作、技术标准等资料，在此对资料被本书引用的学者专家们表示衷心的感谢。

限于水平，本书欠妥之处在所难免，恳望广大读者不吝指正。

作者

2023 年 4 月

目录

第1章 绪 论

1.1 边坡工程概述

边坡是自然斜坡与人工边坡的统称，是人类工程活动中最基本的地质环境之一，也是工程建设中最常见的工程形式之一。

公路边坡是常见的人工边坡之一，是为满足公路工程建设要求和保证路基稳定，在路基两侧开挖或填筑形成的具有一定坡度的岩土坡面。

1.1.1 边坡要素

(1)边坡要素，包括：坡顶、坡顶线、坡面、坡体、平台、坡脚、坡脚线等。

(2)边坡几何参数，包括：坡长、坡高、坡率、坡角、平台宽度、走向、倾向、坡顶角度、坡底角度等。

边坡要素和几何参数如图1-1所示。

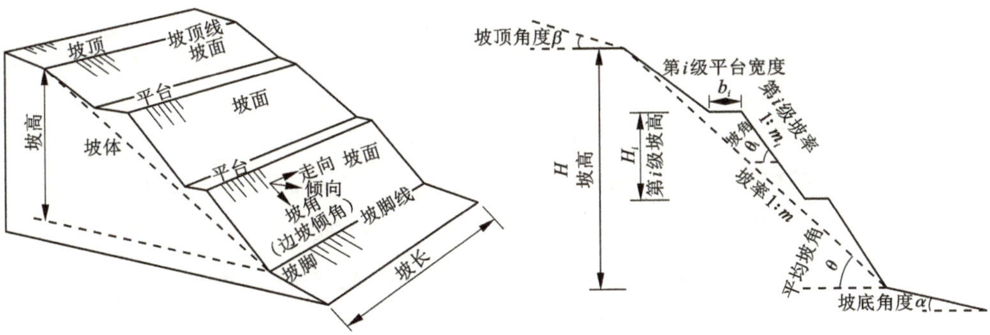

图1-1 边坡要素与几何参数

1.1.2 边坡分类

公路工程中，边坡设计形态千变万化，边坡的分类指标不同，分类方法各异，一般可从成因、建造方式、边坡高度、物质组成、稳定程度、设计使用年限等方面进行划分。边坡分类见表 1-1 和表 1-2。

表 1-1　边坡分类

分类依据	名称	简述
成因	天然边坡	一般经过较长时间由自然地质作用形成的斜坡
	人工边坡	由人工开挖或填筑施工形成的斜坡
建造方式	路堤边坡	当路基面高于天然地面时，用土石方填筑起来的路基斜坡
	路堑边坡	当路基面低于天然地面时，将天然地面挖开形成的路基斜坡
高度	高边坡	路堤边坡坡高≥20 m 的边坡；路堑边坡土质边坡坡高≥20 m 及除土质边坡外坡高≥30 m 的边坡
	一般边坡	路堤边坡坡高<20 m 的边坡；路堑边坡土质边坡坡高<20 m 及除土质边坡外坡高<30 m 的边坡
物质组成	土质边坡	按土体种类可分为：黄土边坡、膨胀土边坡、黏性土边坡、堆积土边坡及填土边坡等
	岩质边坡	主要由岩石构成，岩质边坡可进一步划分，见表 1-2
	岩土混合边坡	主要由土类物质和岩类物质组成，坡体呈现“上土下岩”二元结构
稳定性	稳定边坡	稳定性好，不会发生破坏
	欠稳定边坡	稳定性差或已发生局部破坏，经过处治才能保持稳定
	不稳定边坡	已发生明显的破坏
设计使用年限	永久性边坡	设计使用年限超过 2 年
	临时性边坡	设计使用年限不超过 2 年

表 1-2　岩质边坡分类

分类依据	亚类名称	简述
岩体结构	块状结构边坡	由块状结构岩体构成的边坡，岩体较完整
	层状结构边坡	由层状或薄层状沉积岩或区域变质岩构成的边坡
	碎裂结构边坡	由强风化或强烈构造运动形成的破碎岩体构成的边坡
	散体结构边坡	由全风化或大断层形成的极破碎岩体构成的边坡
岩层倾向与坡向的关系	顺向边坡	岩层倾向与坡向一致的边坡
	反向边坡	岩层倾向与坡向相反的边坡
	斜向边坡	岩层倾向与坡向斜交的边坡
	直立岩层边坡	岩层产状直立的边坡

续表1-2

分类依据	亚类名称	简述
岩石类型	岩浆岩边坡	可细分为侵入岩边坡、喷出岩边坡
	沉积岩边坡	可细分为碳酸盐岩边坡、碎屑沉积岩边坡、黏土岩边坡、特殊岩(夹有岩盐、石膏等)边坡
	变质岩边坡	可细分为正变质岩边坡(原岩为岩浆岩)、副变质边坡(原岩为沉积岩)

1.2 边坡养护

1.2.1 边坡养护检查

(1)边坡养护。

公路边坡养护是指为保持边坡及其设施正常使用而进行的检查、评估、保养、维修、专项整治和监测等工作。

边坡养护应遵循风险管控理念，贯彻预防为主、防治结合的方针，科学养护，消除隐患，降低风险，使边坡维持正常使用状态。

边坡养护内容主要包括：坡面养护，截排水设施养护，素喷、锚喷支护、柔性网养护，挡土墙，护面墙养护，锚杆(索)框格养护，坡面植被养护，附属设施养护，等等。

边坡养护宜根据养护等级、管理模式、资金、技术力量等进行养护规划。根据不同季节气候特点制定相应的巡检、防治措施，有利于边坡养护工作科学、有效地开展。

(2)边坡检查。

边坡检查分为日常巡查、定期检查和特殊检查。

高速公路边坡病害的检查要点见表 1-3。

表 1-3 高速公路边坡常见病害及巡查要点

检查对象	常见病害	巡查要点
坡面	风化剥落、落石掉块、坡面冲刷、浅表溜坍	检查以往病害发生情况，现有病害发生的时间及病害的发展情况；检查坡面裂缝的形状、位置、宽度、延伸长度、下错深度等；坡面有无风化剥落、落石掉块、坡面冲刷、浅表溜坍迹象；坡脚有无堆积体情况。

续表1-3

检查对象		常见病害	巡查要点
坡体		坍塌、坍滑、崩塌、滑坡、倾倒、溃屈	检查以往病害发生情况，现有病害发生的时间及病害的发展情况；坡体是否有坍塌、坍滑、崩塌、滑坡、倾倒、溃屈迹象；坡脚有无堆积体情况等
加固防护工程	排水系统	堵塞、断裂、冲刷、冲毁、移位	检查表面是否有破坏、淤积、堵塞；沟底、沟壁是否破损开裂、漏水；沟渠断面和尺寸是否满足排水要求；沟边岩土体是否稳定；坡体排水孔是否通畅；场区排水是否合理通畅
	护面墙	勾缝脱落、表面风化、变形开裂、松动掉块、错位倾覆、沉陷塌落、泄水孔不通、墙面潮湿渗水	检查有无松动现象；有无局部脱落及陷没现象；是否滑移、下沉、隆起、开裂；沉降缝是否变形错动；墙体是否漏水、渗水，泄水孔是否排水、堵塞、内倾等；基础是否受到冲刷或下沉
	喷浆防护	表面风化、剥落掉块、空鼓脱离、变形开裂、沉降下错、坡面渗水、损毁破坏	喷砼面是否开裂，有无表面风化、掉块及鼓胀；钢筋网片有无外露锈蚀；锚杆是否松动、断裂；泄水孔有无不通、有无渗水情况
	挡土墙	勾缝脱落、表面风化、开裂变形、鼓胀凸肚、剪切断裂、沉降错位、倾斜滑移、墙面渗水、损毁破坏	检查挡墙是否出现开裂、倾斜、鼓肚、滑动、下沉；是否压顶破损、表面风化、勾缝脱落情况；沉降缝是否变形错动；墙体有无漏水、渗水现情况，泄水孔是否排水、堵塞、内倾等；基础是否受到冲刷或下沉
	柔性防护	锚头锈蚀、网下架空、网绳脱落、网材锈蚀、锚杆松动、基座变形、网材撕裂、积碴外鼓、坍塌损毁	检查锚头、网材、钢构件是否存在锈蚀；网内有无落石兜集；网材是否紧贴坡面；柔性网是否破损；基座、锚杆是否牢固
	植被防护	植被枯萎、冲刷剥落、骨架开裂、网材锈蚀撕破、流石流泥	检查坡面排水效果；检查防护受冲刷情况，有无剥落、流石流泥情况；网材是否完好坚实；骨架有无变形开裂情况
	锚固工程	锚头锈蚀渗水、锚头崩裂、框架开裂、基底淘空、框架内积水、应力损失过大	检查锚头外表情况，是否出现锈蚀、渗水、开裂等异常情况；框架梁等反力构件是否出现开裂、下错、基底掏空，框架内是否有积水，框架有无蜂窝麻面情况；锚杆应力情况是否异常
	抗滑桩	桩体变形、破损、钢筋外露锈蚀、保护层开裂	检查桩体有无变形、破损情况；保护层有无开裂、钢筋外露锈蚀情况

1.2.2　边坡安全风险评价

根据边坡安全风险分数和技术状况将边坡安全风险划分成不同的类别，分为四类，即Ⅰ类、Ⅱ类、Ⅲ类、Ⅳ类，见表 1-4。

表 1-4　边坡安全风险分类

安全风险类别	Ⅰ类	Ⅱ类	Ⅲ类	Ⅳ类
安全风险分数（RS）	RS≤45	45<RS≤55	55<RS<60	≥60
技术状况	整体状况好	整体状况一般，有零星剥落掉块可能，但无局部失稳危险	整体状况一般，存在局部失稳危险	整体状况差，局部失稳已发生或已可预见，存在整体失稳风险
已加固且 RS＞55 边坡二次评估	边坡加固工程基本完好	边坡加固工程存在局部破损，但未失效	边坡加固工程可能局部失效	边坡加固工程破坏严重

注：安全风险分数 RS 按照《DB33/T 2099—2018 高速公路边坡养护技术规范》取值。

1.3　山区高速公路边坡特点

（1）地质环境条件复杂。

高速公路为线性工程，分布范围广，跨越的地貌单元多。特别是山区高速公路，所经路段工程地质、水文地质条件复杂多变、不良地质现象多见。沿线边坡工程本身的先天条件不足，给高速公路边坡防控及养护带来巨大挑战。

（2）边坡高陡。

山区高速公路所经路段往往地形地貌复杂、地形起伏变化大，沿线山高谷深，路基修建时深挖高填现象普遍。建设过程中，受政策处理、建设经费、地形地貌等条件限制，形成的边坡往往较为高陡。

（3）加固防护形式多样。

山区高速公路边坡坡形设计多为台阶型，建设期间均采取了不同的加固防护工程，防护方式多种多样。浙江省范围内的山区高速公路以护面墙、挡墙、抗滑桩、锚喷、柔性网、锚固工程、生态防护为主。

（4）病害种类繁多、隐蔽性较强。

由于工程地质问题的复杂性、多变性，经过多年的运营，边坡病害发生更加频繁，且病害种类众多，有明显的隐蔽性。特别是突发性的地质灾害，如崩塌、滑坡、泥石流等，对公路安全运营造成难以预估的威胁。

(5)安全风险因素多、突发性强。

影响山区高速公路边坡的安全因素多，且边坡失稳具有突发性。多数崩(坍)塌、滑坡、掉块等突发性的边坡病害主要发生在降雨期间，如沿海地区极端天气状况(台风、强降雨等)，每年都会出现，短时间内的雨量集中，对高速公路边坡稳定性影响较大。

(6)边坡失稳的社会影响大。

随着我国高速公路里程逐年增加，交通量逐年增大。高速公路边坡失稳，直接影响行驶人员的人身安全，对人民生命财产造成严重损害。同时，将造成交通中断。在信息技术发达的当今社会，若发生边坡失稳，造成的社会影响不容忽视。

第 2 章 边坡加固防护形式

通过长期对浙江省高速公路路堑边坡的调查数据及收集的建设期相关资料分析，浙江省高速公路边坡均在多级放坡的基础上布置加固防护工程，且加固防护措施由于各线路的地形地质特点、设计理念的迭代更新而呈多样化。早期高速公路边坡多以护面墙、坡面锚喷防护为主，以甬台温高速、上三高速为典型代表，见图 2-1、图 2-2。甬台温高速于 1997 年开工建设，2001 年建成通车，西坞至新屋段，全线建档边坡 86 座，其中约 84 座采用护面墙防护形式，占总数的 97. 7%；上三高速于 1998 年动工，耗时两年十个月，于 2000 年 12 月 26 日正式通车，该线路部分路段由原一级公路改建而来，沿途多高山隧道，高填深切情况普遍，单级坡高度大，部分边坡一坡到顶，坡面防护多采用锚喷形式。

图 2-1 甬台温高速护面墙防护典型照片

图 2-2 上三高速锚喷防护典型照片

随着“绿水青山就是金山银山”理念的深入人心，边坡加固防护观念也在进步，由原“造陡坡、强支挡”的硬质支护理念向着“削缓坡、重绿化”的生态防护理念转变。近年来新建的高速公路，如杭州湾跨海大桥南接线、甬舟高速、台金高速等，沿线大部分边坡采用了加固防护措施结合生态护坡的设计理念，见图 2-3、图 2-4。

图 2-3　杭州湾跨海大桥南接线生态防护典型照片

图 2-4　台金高速生态防护典型照片

表 2-1 列出了浙江省内部分高速公路边坡的加固防护形式。

表 2-1　浙江省高速公路部分线路加固防护形式

序号	线路名称	边坡主要防护形式	备注
1	甬台温高速	浆砌块石护面墙、挡墙	
2	上三高速	挡墙、护面墙、柔性网、喷砼、抗滑桩	
3	甬舟高速	挡墙、生态防护	
4	台金高速	生态防护	
5	甬金高速	挡墙、防护网、生态防护	
6	杭徽高速	锚杆框架梁、生态防护	
7	甬莞高速	柔性网、生态防护	
8	杭甬高速	挡墙、防护网、生态防护	
9	杭州湾跨海大桥南接线	框架梁、生态防护	
10	…	…	

目前，浙江省内高速公路边坡常见的加固防护方式主要有普通防护工程、支挡加固工程等，详细分类如图 2-5 所示。由于边坡本身的坡形、岩土特性及所经路段的地质条件特征各异，工程措施以保障边坡安全稳定为前提，从边坡整体稳定的角度统筹考虑环境绿化要求、经济合理等方面进行布置。大多数情况下，边坡的加固防护工程往往采用多种形式的组合。

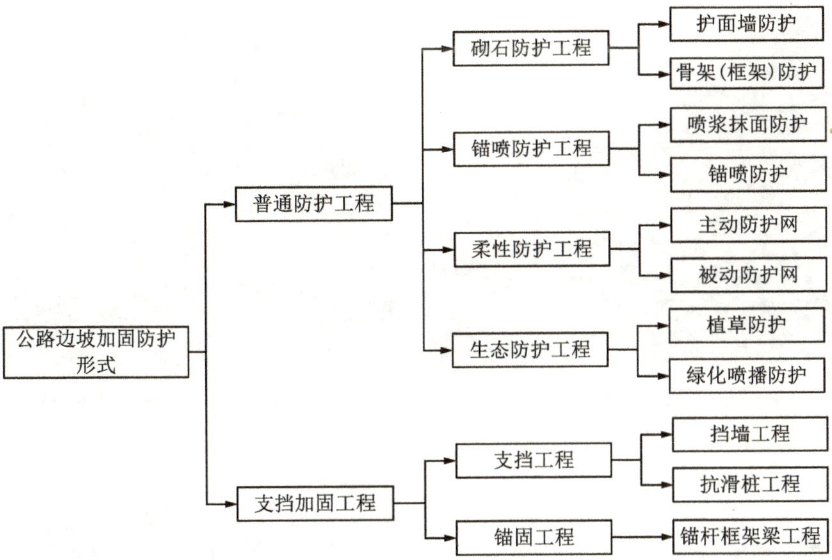

图 2-5　公路边坡加固防护形式分类

2.1　普通防护工程

普通防护工程主要有砌石防护工程、锚喷防护工程、柔性防护工程以及生态防护工程几种类型。

2.1.1　砌石防护工程

(1)护面墙防护。

护面墙防护是在边坡稳定的前提下砌筑片石、块石或混凝土预制块等材料，防止边坡坡体在外力作用下继续风化，可以有效防止地表径流或坡面水流对边坡的冲刷。一般采用浆砌，也可采用干砌形式。护面墙美观性较差，与环境景观不协调，早期高速公路应用较多，近年来很少应用。

护面墙有实体护面墙、孔窗式护面墙、拱式护面墙等(图 2-6~图 2-9)。实体护面墙用于一般土质及破碎岩质边坡；孔窗式护面墙用于坡度缓于 1∶0.75 的边坡，孔窗内可捶面(坡面干燥时)或干砌片石；拱式护面墙用于边坡下部岩层较完整且需要防护上部边坡者。根据以往经验，基于边坡稳定性考虑，用护面墙防护的挖方边坡一般不宜陡于 1∶0.5。

图 2-6　实体护面墙

图 2-7　孔窗式护面墙

图 2-8　拱式护面墙

图 2-9　混凝土预制块护面墙

在浙江山区公路的防护设施中，护面墙绝大多数采用实体护面墙形式。一般根据边坡的高度、岩石的风化程度及岩土的工程地质特性采取全防护或半防护措施(图 2-10)。在半防护措施中，有时采用坡脚护面墙。由于路堑的开挖，改变了空气的流向，在路堑内形成旋转气流。在雨雪天气，该气流携带着雨雪，对坡脚的冲刷破坏能力最大，同时汽车高速行驶溅起的雨雪水也直接冲刷坡脚；自然降水自坡顶沿坡面向下流，流至坡脚时，速度最大，冲刷最严重。因此，在坡脚处设置矮墙是最起码的防护措施。另外，在坡脚设置护面墙还起到诱导行车视线的作用。技术、经济条件允许时，还可以结合绿化措施，如种植一些藤本、灌木植物，美化环境[图 2-10(b)]。

(2)骨架(框架)防护。

骨架(框架)防护是用混凝土、浆砌块(片)石等材料，在边坡上形成骨架，能有效地防止边坡在坡面水冲刷下形成冲沟。同时，提高了边坡表面地表粗糙度系

(a) 半防护护面墙

(b) 半防护护面墙结合平台绿化

图 2-10　半防护护面墙

数，减缓了水流速度。一般冲刷仅限于骨架(框架)内局部范围，采用格构防护与植草防护结合起来的方法，提高了防护效果，美化了环境。

骨架(框架)防护多用于土质边坡防护或高边坡底下几级，是一种辅助性防护措施。格构防护措施除具有对路基边坡的一定防护作用外，还有对路容的美化效果。但由于骨架(框架)须在岩土质边坡中嵌槽镶进，施工难度较大，通常在对景观要求较高的公路中使用，如杭州湾跨海大桥南线接线工程、杭新景高速等。

骨架(框架)形状可根据人们的想象，人们对美的追求，做出各式各样的造型，如菱形框架、方形框架、浆砌片石拱形骨架防护、六角形混凝土预制块防护等(图 2-11～图 2-14)。

图 2-11　菱形框架植草防护

图 2-12　方形框架植草防护

图 2-13　浆砌片石拱形骨架防护

图 2-14　六角形混凝土预制块防护

2.1.2　锚喷防护工程

(1)喷浆抹面防护。

喷浆抹面防护(图 2-15)由于其使用年限较短，各等级公路上使用较少，尤其在高等级公路的边坡上更加少见。喷浆防护和喷射混凝土防护适用于边坡易风化、裂隙和节理发育、坡面不平整的岩质边坡。主要作用是封闭边坡岩石裂隙，阻止大气降水及坡面流水侵入，以及裂隙中侧向水压和冰裂，防止边坡岩石继续风化，保护边坡不发生落石崩塌。

图 2-15　喷浆抹面防护

浙江公路早期采用较多的坡面防护措施是喷射混凝土。该防护要求在混凝土内设置钢筋网或高强度聚合物土工格栅，并通过锚钉或锚固墩固定于边坡上。这主要是为防止混凝土硬化收缩产生裂缝或剥落。该种防护形式在较早建设的高速公路较多见，如上三高速、杭甬高速等。由于人们对生态环境的要求逐步提高，近年来新建高速公路边坡采用锚喷防护应用较少。

(2)锚喷防护。

锚喷防护是通过锚杆、钢筋网和混凝土面层共同工作来提高边坡岩土的结构强度和抗变形刚度、减小岩土体侧向变形，增强边坡整体安全性的工程措施(图 2-16)。主要适用于：①岩性较差、强度较低、易于风化的岩质边坡；②虽为坚硬岩层，但顺层节理发育，易受自然营力影响导致大面积碎落的岩质边坡；③岩质边坡因爆破施工，造成大量超爆，破坏范围深入边坡内部，路堑边坡岩石破碎松散，极易发生落石、崩塌的边坡。

该种防护形式在早期的边坡设计中使用较多，如上三高速原设计为一级公路后改为高速公路，为增强边坡的整体稳定性，沿线边坡多采用锚喷进行防护。

图 2-16　锚喷防护

2.1.3　柔性防护工程

边坡柔性防护系统是以高强度柔性网(菱形钢丝绳、环形网、高强度钢丝网)作为主要构成部分，并以覆盖(主动防护)和拦截(被动防护)两大基本类型来防治各类斜坡坡面地质灾害和雪崩、岸坡冲刷、爆破飞石、坠物等危害的柔性安全防护系统。它是一种集构件设计与加工、系统配置设计与定型、现场设计选型、现场布置与施工设计的系统技术。

第二次世界大战后，旅游业在欧洲特别是瑞士开始兴起，关系旅客和山区居民生命财产安全的山区雪崩防护受到极大重视。瑞士布鲁格(Brugg)公司开发的雪崩防护柔性栅栏结构便应时而生，并于 1951 年首次应用于工程实践，成为现代柔性被动防护系统诞生的标志，也标志着现代柔性防护技术正式诞生。20 世纪 60 年代，随着战后欧洲经济复苏兴起，柔性防护技术开始应用于边坡落石防护。进入 20 世纪 70 年代，柔性防护技术作为一种系统化的边坡防护技术得以基本形成。自 20 世纪 80 年代开始，柔性防护技术发展迅速。在这期间，通过大量的试验、理论研究和广泛的工程实践，该技术及其相关产品逐渐实现了系统化和标准化，成为边坡防护领域一种成熟的新技术。20 世纪 90 年代，该技术被成功引入中国。

目前，柔性防护技术主要分为主动防护网及被动防护网两大主要体系。柔性防护技术在浙江省内高速公路边坡及其他领域边坡被广泛使用。

(1) 主动防护网。

主动防护网采用钢丝绳锚杆或钢筋锚杆和支撑绳固定方式将金属柔性网覆盖在具有潜在地质灾害的坡面上，实现坡面加固和限制落石运动范围的目的(图 2-17)。

图 2-17　主动防护网

(2) 被动防护网。

被动防护网采用锚杆、钢柱、支撑绳和拉锚绳等固定方式将金属柔性网以一定的角度安装在坡面上，形成栅栏形式的拦石网，实现对落石和泥石流体中固体物质的拦截(图 2-18)。

图 2-18　被动防护网

2.1.4　生态防护工程

生态防护又称植物防护，作为一种新兴综合技术逐渐在高等级公路建设中得到应用。生态防护不仅增加绿化面积，而且极大地减缓水土冲刷和地表径流。植被扎根土层并与之联合形成整体，使地表土层形成牢固的稳定层，降低土层受冲刷、发生塌陷的隐患，起到固土防护作用。20 世纪 50 年代，国外边坡生态防护技术已取得了比较成熟的理论和施工方法，在山区高速公路中应用较为广泛的主要是植草防护和绿化喷播防护。

(1)植草防护。

植草防护适用于边坡稳定、坡面冲刷轻微的路堤或路堑边坡，特别在填方路堤边坡中使用较多(图 2-19)。一般要求坡度不陡于 1 : 1，坡面水径流速度不超过 0.6 m/s，且不适用于长期浸水边坡。

图 2-19　路堤边坡植草防护

路堑边坡多为岩质边坡，其植草防护一般结合种植槽进行(图 2-20)。通过种植槽中乔木、灌木、爬藤植物的生长覆盖坡面，达到生态防护的目的。种植槽一般沿边坡坡脚或边坡平台修砌，通常就地取材采用浆砌石砌筑，槽壁与坡面间回填种植土，并按一定株距种植灌木、乔木，紧邻坡面一侧按一定距离种植爬藤。

(2)绿化喷播防护。

绿化喷播防护是将地表土、草种、助长剂、有机物加入水，用专用喷射设备将其喷洒到边坡上，既能快速稳定边坡，又能迅速绿化边坡，达到边坡系统防护的目的。浙江有着温暖湿润、雨量充沛的气候环境，已较多地应用绿化喷播防护技术。这既保护了边坡，又美化了环境。随着人们对生态环境的重视，绿化喷播防护在近年来新建的高速公路边坡中应用广泛。

图 2-20　种植槽绿化

根据喷播设备和喷播工艺的不同，绿化喷播防护又可分为液力喷播、厚层基材喷播、高次团粒喷播等多种喷播工艺。高速公路普遍采用的是液力喷播和厚层基材喷播（图 2-21），少部分坡度陡、坡面条件差、绿化难度较大的边坡也有采用高次团粒喷播（如甬舟高速西堠门大桥南锚边坡，见图 2-22）。

图 2-21　厚层基材喷播防护

图 2-22　高次团粒喷播防护

2.2　支挡加固工程

边坡支挡加固工程主要有支挡工程和锚固工程两大类。其中支挡工程中挡墙、抗滑桩在浙江高速公路边坡支护中使用最为广泛；锚固工程中非预应力锚杆、预应力锚杆、锚索均有采用。锚固工程一般配套设置相应的传力机构，如锚固工程一般与框架梁、喷射混凝土、钢筋混凝土墙等结合使用，在高速公路边坡中较常用的是锚杆框架梁。

2.2.1　挡墙

挡墙种类繁多，根据其形式可分为加筋土挡墙、悬臂式挡墙、扶壁式挡墙、重力式挡墙等(图 2-23～图 2-26)。一般而言，悬臂式挡墙、扶壁式挡墙、加筋土挡墙多用于填方路堤边坡，重力式挡墙可用于路堑、路堤边坡。根据材料的不同，可以分为钢筋混凝土、浆砌块石等。在高速公路边坡中，应用较多的是浆砌块石重力式挡墙。

图 2-23　加筋土挡墙

图 2-24　扶壁式挡墙(墙后尚未回填土)

图 2-25　重力式路堤挡墙(钢筋混凝土)

图 2-26　重力式路堑挡墙(浆砌块石)

2.2.2 抗滑桩

抗滑桩是将桩体埋入稳定地层中，通过桩身承受滑坡推力、土压力等水平作用力，再传递到下部稳定地层中，利用下部地层的锚固和被动抗力作用，使滑(边)坡达到稳定。抗滑桩主要用于提高坡体的稳定状态，还可用于用地范围受限制的路堤边坡加固(图 2-27)。

与其他抗滑工程如抗滑挡墙、锚杆等相比，其具有抗滑能力强、适用条件广泛、不易恶化滑坡状态，能进一步核实地质条件等突出优点。同时抗滑桩可以与其他边坡治理措施灵活配合。抗滑桩在治理滑坡及维护边坡稳定上的突出优点，使抗滑桩广泛应用于矿山边坡、铁路、公路滑坡、工业与民用建筑基坑支护等边坡工程中。随着国民经济建设速度的加快，其应用前景将更加广阔。

抗滑桩不仅适用于整治深层的大型滑坡，对于浅层和中厚层的滑坡也可采用抗滑桩进行加固治理。在缺少石料的地区，对于尚在活动的滑坡体，采用抗滑桩效果则更为明显。针对滑坡推力较大的大型滑坡，单排抗滑桩常常无法满足滑坡防治的要求，因而常常采用双排桩或多排抗滑桩。

图 2-27　公路抗滑桩

2.2.3 锚杆框架梁

预应力锚杆是在锚杆安装完后立即施加一定的张拉力并锁定，使锚杆发挥挤压作用，提高加固岩层的物理力学性质，限制加固体发生有害位移和变形，从而提高岩体的稳定。预应力锚杆能够充分发挥岩体自身的支撑能力，属于主动支护形式，是一种应用广泛的边坡加固技术。

预应力锚杆格构梁具有施工便捷、造价合理、安全可靠以及治理及时、效果明显等优点，可以搭配植被达到美化坡面的效果，已成为目前高速公路边坡中最常用的边坡加固防护方式之一（图 2-28）。

图 2-28　预应力锚杆格构梁

第 3 章　边坡病害类型

根据边坡岩土性质、工程地质及地下水的差异，依据边坡变形破坏运动特征和规模，总结归纳公路边坡常见的病害类型：滑坡、剥落、崩塌、泥石流、掉块落石、溜坍、坍塌、倾倒、错落等 9 类。其中滑坡、崩塌、剥落、冲刷是浙江高速公路路堑边坡中比较常见的病害类型。

根据浙江高速公路病害调查与研究，结合边坡病害的性质和规模，常见边坡工程病害可归纳为坡面变形病害、坡体变形病害和加固防护工程结构变形破坏三大类（图 3-1），具体如下所述。

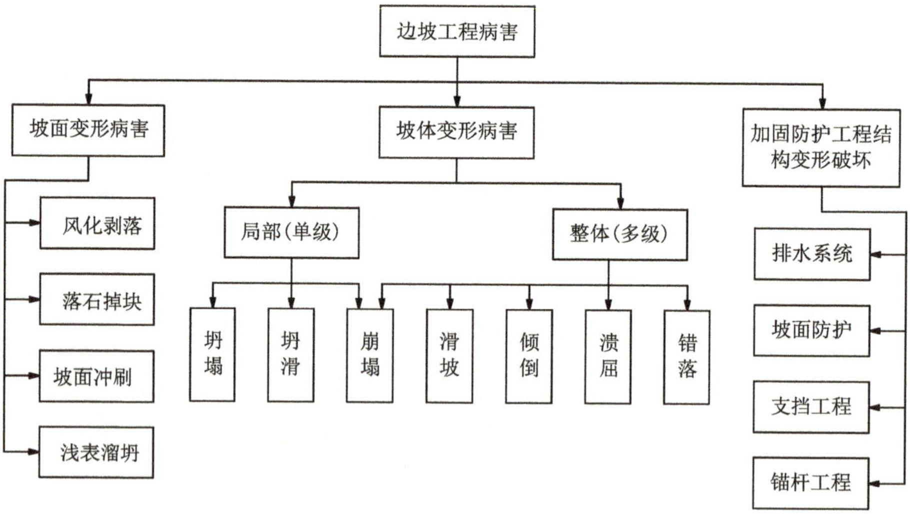

图 3-1　浙江高速公路边坡工程病害分类

3.1　坡面变形病害

3.1.1　风化剥落

风化剥落指坡面裸露的岩土体在物理风化、化学风化和水理作用下逐渐演变成碎屑物质剥离底层岩土面而形成坠落的病害现象。物理风化对风化剥落的产生影响最大，作用形式有降雨、日晒、风蚀等。边坡风化剥落类型主要有表层结皮剥落、层状剥落、片状剥落、厚块状剥落等(图3-2)。

图3-2　风化剥落典型病害照片

边坡未及时采取坡面防护措施时，坡面的风化剥落易发生。一般硬质岩边坡风化剥落较缓慢，易风化的软质岩边坡则相对快速、较严重。

一次风化剥落产生的体积较小、数量不多，但长期的风化剥落造成坡面的凹凸不平，影响边坡的美观。严重时不仅形成危岩体，破坏坡体的稳定性，增加加固防护难度，而且风化剥落物堆积在坡脚或平台，堵塞截、排水沟，导致排水系统功能失效。

3.1.2　落石掉块

经过山区的公路，深受边坡落石掉块的危害。落石掉块的发生具有突发性、随机性及频繁性，对公路运营构成较大的威胁。

落石的影响内在因素主要是工程地质条件，包括边坡地形地貌，以及岩土性质、构造与岩体结构，影响着落石的形成和分布特征。①地形地貌，落石多发生于高陡、裸露的斜坡坡面上，公路建设开挖的边坡往往较陡，是有利落石发生的地貌部位，坡度越大，发生的可能性、规模也越大(图3-3)；②岩土性质，岩性影响了岩土体的构造特征及抗风化能力；③构造与岩体结构，通过构造作用使岩土体发生完整性破坏，断层、褶皱、节理、裂隙等越多，落石也就越容易发生。

图 3-3　边坡落石典型病害照片

诱发落石的外在因素主要有气象水文条件、人类活动等。在突发性暴雨、持续强降雨或冻融循环作用下，落石发生概率比较大；危岩受到山体开挖爆破、车辆振动等影响，落石更容易发生，在人类活动强烈区域必须加以重视；在崩塌、滑坡等地质灾害发生时，常引发现场或者临近落石发生。

3.1.3　坡面冲刷

坡面冲刷是指降雨形成的坡面水流携带边坡坡面表层土体向下迁徙的现象（图 3-4）。从坡面冲刷下来的大量土石，堵塞排水沟，掩埋道路，影响公路正常运营。同时，造成公路沿线水土流失，生态环境恶化，边坡后退和变陡。如果不及时处理，边坡冲刷进一步发展，则导致边坡产生崩塌和滑坡。

图 3-4　坡面冲刷典型病害照片

边坡坡面冲刷影响因素。首先是自然因素，包括降雨、地形地貌、土层特性、植被覆盖情况；其次是工程因素，包括边坡坡高、坡度、坡面形态、填土密实度、边坡防护措施等。

3.1.4　浅表溜坍

浅表溜坍是指边坡表面的土体在降雨入渗后，在强度软化及水压力作用下，边坡表层失去稳定而造成表层土体溜坍的现象。

含砂量大的边坡、以黏性土为主的边坡及填料混杂仍以黏性土为主的边坡在连续遇到强降雨时常容易发生浅表溜坍。溜塌一旦开始出现，当前一次雨水渗入边坡尚未渗出风干，紧接着第二次降雨，溜塌病害会快速发展并扩大，溜坍从最初深度 0.1~0.5 m，逐渐发展到约 1 m 甚至 2 m 以上(图 3-5)。长期溜坍会带走坡面植物生长所需的养分，使坡面贫瘠。

图 3-5　边坡溜坍典型病害照片

3.2　坡体变形病害

3.2.1　崩塌

崩塌是指陡坡上的巨大岩体或土体，在重力和其他外力作用下，突然向下崩落的现象。

崩塌过程中岩体或土体猛烈地翻滚、跳跃、相互撞击，最后堆于坡脚。产生在土体中者称为土崩[图 3-6(a)]；产生在岩体中者称为岩崩[图 3-6(b)]；规模巨大涉及山体者称山崩；产生在河流、湖泊或海岸者称为岸崩。崩塌体碎块在运动过程中滚动或跳跃，大小不等、零乱无序的岩块(土块)最后在坡脚形成堆积地貌——崩塌倒石堆，崩塌倒石堆结构松散、杂乱、无层理、多空隙；崩塌所产生的气浪作用，使细小颗粒的运动距离更远一些，因而在水平方向上有一定的分选性。

崩塌的破坏模式：倾倒式崩塌、滑移式崩塌、鼓胀式崩塌、拉裂式崩塌、错断式崩塌等五种破坏模式。

(a) 土质崩塌

(b) 岩质崩塌

图 3-6　边坡崩塌典型病害照片

崩塌的特征如下。

(1) 规模差异大，体积小时只有 1 m^3，体积大时达 10^6 m^3；

(2) 崩塌体完全脱离坡体，崩塌体各部分相对位置完全打乱，大小混杂，形成较大石块翻滚较远的倒石堆；

(3) 岩土体崩塌后呈彼此分离的块体，各块体之间失去原有结构面之间的相对关系；

(4) 具有突发性、猛烈性，运动速度快(一般为 5～200 m/s)，虽然有征兆现象，如岩体的蠕动、破坏声音、出现裂缝、压裂等变形，但征兆不明显；

(5) 崩塌的垂直位移大于水平位移。

3.2.2　滑坡

滑坡是指斜坡上的部分岩土体受河流冲刷、地下水活动、地震及人工切坡等因素影响，改变了坡体内一定部位的软弱带中应力状态；或因水和其他物理化学作用降低强度，在重力或外力作用下，沿着一定的软弱面或软弱带，整体地或者分散地顺坡向下滑动的自然现象(图 3-7)。

滑坡形成与不同的地质环境关系密切，并表现为各种不同的形式和特征。由于变形破坏的复杂性和表现形式的多样性，滑坡破坏模式的分类很多。按滑体的组成物质，可分为两大类：岩质滑坡和土质滑坡。岩质滑坡按主滑带成因又可划

图 3-7　滑坡典型病害照片

分为三大类：顺层滑坡、构造结构面滑坡和同生面滑坡。

(1)顺层滑坡，按主滑动面特征细分为 6 种破坏模式：完全平面式顺层破坏模式、前缘剪出式顺层破坏模式、阶梯式顺层破坏模式、楔形顺层破坏模式、溃屈式顺层破坏模式和缓倾平推式顺层破坏模式。

(2)构造结构面滑坡，按主滑动面特征细分为 5 种破坏模式：单一平面式结构面破坏模式、单一弧形结构面破坏模式、双结构面楔形破坏模式、多结构面折线式破坏模式和断层破碎带破坏模式。

(3)同生面滑坡，按主滑动面特征细分为 3 种破坏模式：错落挤压剪切式破坏模式、破碎岩体压裂式破坏模式和类均质岩体弧形破坏模式。

土质滑坡按主滑面特征可细分为六个破坏模式：堆积土层沿基岩顶面破坏模式、类均质土体内弧形破坏模式、残积土层沿原结构面破坏模式、沿不同堆积结构面破坏模式、沿老滑动面破坏模式和沿填土界面破坏模式。

滑坡灾害的发生和边坡的坡度有很大的相关性。研究表明，30°～40°的坡度是基岩滑坡的常发坡度，松散堆积层滑坡一般发生在坡度为 20°以上的边坡。某些蠕滑型慢速滑坡可以发生在坡度为 15°～20°的边坡中。

在对以往浙江高速公路的调查研究中发现，浙江省内高速公路多处路段有滑坡灾害发生，公路滑坡灾害的预防对高速公路运营安全至关重要。

3.2.3　错落

错落是指被陡倾的结构面与后山完整岩体分开的风化破碎的岩体，坡脚受震动、人工开挖或水力冲刷的影响，使下部岩体压缩，引起坡体以垂直下错为主的变形现象(图 3-8)。

错落通常比较完整，大体保持了原来的结构和产状。底部一般有一层松软垫层，压缩部分称为错落带，上部称为错落体。错落变形一旦转化为滑坡将会造成生命财产的重大损失。因此，错落体变形及稳定性研究对滑坡灾害的防治具有重要意义。

图 3-8　错落典型病害照片

错落的特征如下：

(1)错落体在形态上呈阶梯状，常常只有一级，多级的较少。它们的后缘为几乎垂直的(70°±)错落崖或错落坎。错落坎附近，有大致与它平行的较顺直的裂缝。错体与母体在台坎处分开，错体保持错动前的相对完整性。错体的结构较破碎，错壁以内的岩体较完整。错落体的基部有挤压鼓包等现象。

(2)错落与崩塌不同，错落与滑坡虽然都有滑动面，但错落以重力作用为主，水的作用较次，一般沿高倾角且比较平直的滑动面下错产生位移。

(3)由于底部压缩变形引起上部岩体应力调整形成上部错缝，错体依次产生由外而里、由下而上的运动。错落台坎的形成表明应力调整已结束，成为一次“错落”。

(4)错落带前缘出口附近的岩土多破碎、疏松、潮湿，有的大错体前缘也存在“串珠”状水泉出露。错落带出口段由于压缩外鼓，总是向外缓倾。

(5)错体是整体向下错动，形成的重心仍在坡内。若底垫层无明显遭破坏的痕迹，可暂时稳定或不再错滑。如错落后底垫层继续变坏，则可能转化为其他性质变形破坏。一次错落发生后，坡面将有相当长的稳定时间，在采取整治措施上这是重要的时机。可以把错落列为崩塌与滑坡之间的中间类型。

3.2.4　倾倒

倾倒是在边坡开挖卸荷后，经应力重分布，坡体表层向外回弹松弛，使得坡体上部前缘开始向临空方向作悬臂弯曲，并逐渐向坡内发展；同时岩层之间发生错动并伴有拉裂，形成坡体失稳。主要有弯曲倾倒破坏、块体倾倒破坏两种破坏模式。

倾倒破坏常常发生于倾向岩体内并由此产生一系列板状或块状岩柱的横向节理发育的岩石边坡上。通常，倾向与横向节理近乎一致的陡倾角的坡面也是必要条件。当斜面上的刚性柱体或块体的中心落于块体基面以外，并且作用于基面上的摩擦力足够大时，这些块体的倾倒破坏就会产生。节理岩体中的倾倒破坏产生的地质条件通常是类似的，即使对于某些坚硬的土体也不例外。事实上，倾倒破坏也可以产生于更为广泛的不连续面的空间产状范围内(图 3-9)。

图 3-9　倾倒典型病害照片

3.3　结构变形病害

3.3.1　坡面防护病害

3.3.1.1　砌石防护病害

高速公路早期建设中采用较多的砌石防护，对维持边坡稳定发挥了较好的作用。砌石防护工程作为高速公路的“面子工程”，好比是整条公路的一件外衣。外衣的亮丽与否，决定了公路的外观质量。砌石防护工程常见病害(图 3-10)有：勾缝脱落及表面风化、变形开裂、松动掉块、泄水孔不通或潮湿渗水等。

勾缝脱落及表面风化：砌体表面的水泥砂浆勾缝掉落，砌体的片石在自然营力的作用下风化剥落的现象(图 3-11)。潜在危害：勾缝脱落后，其周围块石因未能胶结，在各种自然营力的作用下将进一步扩大松动范围，严重者将导致砌体坍陷；另外，地表水可从块石的石缝渗入坡体，使坡体岩土体强度降低，进而产生不同种的坡体病害。

图 3-10　砌石防护工程典型病害照片

变形开裂：砌体表面出现裂缝，随着时间的推移，裂缝数量不断增多，且裂缝宽度不断增大(图 3-12)。潜在危害：砌体变形开裂说明坡体有一定程度的变形，若不进行有效处理，变形开裂范围将会进一步扩大。

图 3-11　勾缝脱落典型病害照片

图 3-12　砌体变形开裂典型病害照片

松动掉块：砌体表面的石块松动，脱离原来的位移，向边坡外部悬空、掉落的现象(图 3-13)。潜在危害：砌体松动掉块一般为个别的掉块。由于掉块，石块之间将不能得到有效支撑，导致砌石防护工程坍塌。

泄水孔排水不畅或潮湿渗水：边坡含水量较大，护面墙泄水孔数量不足，边坡水体从砌体渗出；砌体的泄水孔由于堵塞造成墙后水体无法排出的现象(图 3-14)。潜在危害：坡体水不能有效排出，积聚在坡体内，导致坡体岩土体有效强指标降低，容易引起溜坍、滑坡等各种边坡病害。

图 3-13　松动掉块典型病害照片

图 3-14　泄水孔排水不畅、渗水典型病害照片

3.3.1.2　喷砼防护病害

喷砼防护工程常见病害有：表面风化、剥落掉块、空鼓脱离，变形开裂，沉降下错，泄水孔堵塞、坡面渗水，渗流涌水，损毁破坏，等。

表面风化、剥落掉块：部分喷砼面表面出现剥落、脱离现象(图 3-15)。潜在病害：风化剥落对道路安全影响较大，且由于长期风化剥落，使边坡原有的岩土体裸露；在外力作用下，坡体岩土体进一步风化剥落，使坡面形成危岩。

空鼓脱离：喷砼与坡面未能有效胶结，随着时间推移，出现不同程度的脱落，露出原有坡面的现象。潜在危害：喷砼脱落后，边坡表面裸露，外力作用下，表面岩土体风化，导致掉块落石，影响车辆通行。

变形开裂：喷砼出现横或纵向裂缝，有时喷砼出现渗水、钙化现象，偶伴有喷砼脱落现象(图 3-16)。潜在危害：喷砼表面开裂后，随着开裂面的增大，地表水渗入坡体，可引发边坡坍塌等次生病害。

图 3-15　风化剥落典型病害照片

图 3-16　变形开裂典型病害照片

沉降下错：喷砼出现张拉裂缝，且裂缝一侧向垂直方向发生位移的现象。潜在危害：喷砼沉降下错后，部分坡面得不到有效防护，随时间推移，可发生不同程度的风化剥落、落石掉块等病害。

泄水孔堵塞及坡面渗水：坡体含水量较大，喷砼泄水孔数量不足，边坡水体从喷砼面渗出，或喷砼的泄水孔堵塞造成墙后水体无法排出的现象。潜在危害：喷砼面长期有水漫流时，加快喷砼面的风化剥落；另外，泄水孔长期堵塞，坡体水不能有效排出，将影响边坡的局部甚至整体稳定性。

渗流涌水：喷砼面在水流作用下破坏后，水流沿喷砼裂缝向坡体流出的现象（图 3-17）。潜在危害：喷砼长期受强大水流的冲刷，易损毁。

损毁破坏：坡体出现崩塌滑移引起喷砼出现大范围破坏的现象（图 3-18）。潜在危害：由于喷砼破坏与坡体位移相关，若不及时有效处理，损毁破坏范围将进一步扩大。

图 3-17 渗流涌水典型病害照片

图 3-18 损毁破坏典型病害照片

3.3.1.3 柔性防护网工程病害

柔性防护网工程常见病害有：网下架空、缝合绳脱落、网材锈蚀、锚杆松动、基座变形、网材撕裂、积碴外鼓、严重损毁等。

网下架空：SNS 防护网没有紧贴坡面，部分防护网与坡面岩石出现较大空隙的现象（图 3-19）。潜在危害：网下岩石位移时会聚集在网内，由于有限的锚杆要支撑更大的面积，当石渣数量逐渐增多时，可能使锚杆松动，防护网的防护作用失效。

缝合绳脱落：SNS 柔性防护网缝合绳脱离钢绳网，使钢绳网松动，不能有效固定于坡面。潜在危害：防护网缝合绳脱离后，防护作用将失效。

网材锈蚀：SNS 柔性防护网出现锈蚀、腐烂，边坡碎石沿坡面任意掉落（图 3-20）。潜在危害：钢绳网锈蚀后将断裂，失去防护作用。

图 3-19　网下架空典型病害照片

图 3-20　网材锈蚀典型病害照片

锚杆松动：SNS 柔性防护网钢绳锚杆未能与砂浆和坡体有效固结，出现锚杆松动、晃动的现象。潜在危害：钢绳锚杆松动后，SNS 防护网防、兜掉块能力降低，抗落石冲击能力降低；当网内落石体积较大，可冲破钢绳网，或掉块落石进一步发展时，钢绳网出现更大范围破坏。

基座变形：基座变形一般指被动防护网的基座出现变形、松动的现象。潜在危害：基座出现变形松动，若未能及时进行加固处理，当松动到一定程度时，将导致防护网倾倒、破坏，完全失去防护作用。

网材撕裂：SNS 防护网网材破裂，网内兜石较严重，且边坡仍有掉块落石发生，防护网破坏范围有不断扩大的现象(图 3-21)。潜在危害：随着时间推移，防护网撕裂区域将进一步扩大，失去防护的坡面掉块可能滚至坡脚路面，影响营运安全。

图 3-21　网材撕裂典型病害照片

图 3-22　积碴外鼓典型病害照片

积碴外鼓：边坡掉块落石积存于网内，当石碴较多时，防护网出现“鼓肚”现象(图 3-22)。潜在危害：随着落石增多，网内兜石增加，当网内兜石的数量超过防护网的承载能力时，可导致防护网撕裂、锚杆脱落等病害。当边坡损毁(坍塌滑坡等原因)致使边坡岩土体发生滑移，可导致 SNS 防护网严重变形、损毁、失效。

3.3.1.4 植物防护病害

植被防护工程常见病害有：植被枯萎、冲刷剥落、骨架损坏、网材锈蚀、流石流泥、坍塌掉块等。

植被枯萎：坡面植被由于长期得不到施肥灌溉，且边坡表层地下水较少，植被长期缺少养分和水源，从而出现枯萎、萎蔫的现象(图 3-23)。潜在危害：植被枯萎后，边坡表面相当于裸露、无防护状态，梅雨或强降雨状态下，雨水渗入坡体，边坡岩土体软化，易引发各种病害。

冲刷剥落：坡面植被在地表水或降雨的冲刷作用下，坡表土连同植被被冲走，导致坡面植被防护局部出现失效，坡表部分裸露的现象(图 3-24)。潜在危害：一般情况下，坡表局部冲刷对边坡整体稳定性影响不大；但若冲刷严重，不仅影响边坡美观，而且会诱发边坡浅表层坍塌等病害。

图 3-23　植被枯萎典型病害照片

图 3-24　坡面植被冲刷典型病害照片

骨架损坏：植草骨架出现开裂、破坏等现象，不能继续发挥原有的保水、固土的功能(图 3-25)。潜在危害：当骨架失效时，起不到固土、保土作用，易造成坡表土流失，引发边坡浅表层坍塌等病害。

网材锈蚀：由于客土层厚度较薄，在地表水、雨水的冲刷作用下，客土层被冲走，用于客土植草的网材在自然营力的作用下出现锈蚀、腐蚀的现象(图 3-26)。潜在危害：网材锈蚀，边坡植被防护功能减弱，起不到应有的防护作用，易引发各种边坡浅表层病害。由于网材有一定的防掉块落石作用，当其断裂锈蚀、完全失效，存在掉块落石隐患。

图 3-25　骨架损坏典型病害照片

图 3-26　网材锈蚀典型病害照片

流石流泥：坡面客土在坡面径流或瀑流的冲刷下产生水土流失的现象(图 3-27)。潜在危害：较严重流石流泥使边坡表面防护失效，加速边坡表面岩土体的风化，形成风化剥落、落石掉块隐患。

坍塌掉块：采用植被防护的土质边坡或破碎岩石边坡，在降雨或地下水等因素的作用下，由于坡率过陡，坡脚软化失去支撑，岩土应力释放，致使其上覆相应部分岩土体出现崩解、掉块、坍落等坡体病害的现象(图 3-28)。

图 3-27　流石流泥典型病害照片

图 3-28　坍塌掉块典型病害照片

边坡绿化应遵循安全、经济、美观的原则，根据不同的功能要求，进行植物选择，采用相应的绿化方式。绿化选择的植物种类要求能适应边坡的种植条件，根据气候特征、边坡地形地貌、岩土体特性进行综合考虑和选择植物品种，并突出当地特色。采用植被防护的边坡要求：边坡基本稳定，边坡排水系统完整、畅通；坡面平整，植被成活率不低于85%，无冲刷、裸露区域，无漫流、渗水；挂网植草的各种网材均由客土覆盖，各种客土、固土措施（骨架、框架梁等）未出现变形、破损等现象。当植被防护形式出现较大范围病害时，应考虑采用较强的植被防护形式（框架植草、地梁植草等）或先进行边坡稳定性处理，再恢复坡表植被防护。

3.3.2 支挡工程病害

3.3.2.1 挡土墙工程病害

挡土墙工程常见病害有：勾缝脱落、表面风化，变形开裂，鼓胀凸肚、剪切断裂，沉降错位、地基错台或空隙，倾斜、滑移，损毁破坏、断裂坍塌，泄水孔不通，渗流涌水，墙后积水，临水路基挡墙坡脚冲刷等。

勾缝脱落、表面风化：挡土墙表面的水泥砂浆勾缝掉落，挡土墙的块石在自然营力的作用下风化剥落的现象。潜在危害：勾缝脱落部位石块易松动、滑移。

变形开裂：挡土墙表面出现裂缝，随着时间的推移，裂缝不断增多增长，且裂缝宽度不断增大（图3-29～图3-30）。潜在危害：随着土体蠕动变形的增大，墙体开裂、变形将进一步增大，严重者可导致挡土墙整体滑移、倾倒。

鼓胀凸肚、剪切断裂：挡土墙向外鼓出，有时候还伴有墙体松动等现象，随着时间的推移，鼓胀程度将越来越大；挡土墙在某个部位发生错动，使变形部位与未变形部位发生相对位移（图3-31～图3-32）。潜在危害：挡土墙错动变形过大使挡墙失效，不能有效支挡墙后岩土体。

图3-29 挡墙变形开裂典型病害照片

图3-30 挡墙剪切断裂典型病害照片

沉降错位、地基错台或空隙：挡土墙沿墙身产生不均匀沉降，墙体出现开裂错开的现象。潜在危害：挡土墙倾倒破坏，失去支挡作用。

图 3-31　墙体松动典型病害照片

图 3-32　鼓胀凸肚典型病害照片

倾斜、滑移：挡墙部分石块松动，产生向坡侧或路侧滑动的现象；边坡产生滑坡使挡土墙整体产生滑移，一般呈圈椅状(图 3-33)。潜在病害：挡土墙滑移说明墙后主动土压力较大，边坡坡脚失去有效支撑，将进一步引起坡体的牵引变形；墙顶过大荷载也将逐渐减弱挡墙的支撑作用。

损毁破坏及断裂坍塌：挡土墙墙体出现严重变形、破坏，使其失去支挡加固作用。潜在病害：随着滑坡变形规模的加大，挡墙的破坏范围也将进一步扩大。

泄水孔不通、渗流涌水、墙后积水：挡土墙泄水孔内因杂物而堵塞；挡土墙墙顶水流直接漫流至墙面；挡土墙坡体内部水流无法有效排出，积存于挡墙背部(图 3-34)。潜在病害：由于地表水地下水不能有效排出，将减小边坡岩土体抗剪强度，引起挡土墙的进一步变形。

图 3-33　挡墙滑移典型病害照片

图 3-34　挡墙渗流涌水典型病害照片

临水路基挡墙坡脚冲刷：临水路基挡墙坡脚在水力作用下冲刷、逐渐掏空的现象(图 3-35)。潜在危害：浆砌块石挡墙中起胶结作用的砂浆受水流冲刷作用的影响，逐渐风化、剥落并被水流带走，使得挡墙块石暴露于水流中并直接受到水流的冲刷作用；当水流作用于块石的力（P）超过阻止其运动的摩擦力（$T=fw$，其中 f 为摩擦系数，w 为块石重量）时，块石就开始随流水一起移动，随着时间的推移，挡墙底部被逐渐掏空。特别是每年雨季、台风期间，大量集中降水致使河流的水位上升，流量和流速显著增加，加速了流水对挡墙底部的机械冲刷作用。

图 3-35　某高速公路 K283 下边坡挡墙底部掏蚀照片

3.3.2.2　抗滑桩工程病害

抗滑桩的抗滑作用主要是利用稳定地层的锚固作用和被动抗力来平衡滑坡推力。作为一种比较有效的边坡支挡形式，已被广泛应用于各类边坡工程中。抗滑桩常见病害有：桩体剪断、肋柱倾斜、挡板破坏，钢筋外露锈蚀及保护层开裂等。

桩体剪断、肋柱倾斜、挡板破坏：抗滑桩整体出现倾斜或沿桩体某个位置出现断裂，桩间板受土体挤压出现变形破坏的现象（图 3-36、图 3-37）。潜在危害：桩体剪断、倾倒表明滑坡正处于变形发展过程中，如未能采取有效的应急措施，将导致大规模的滑坡灾害。

图 3-36　挡土板破损典型病害照片

图 3-37　桩体剪断、倾倒典型病害照片

钢筋外露锈蚀：抗滑桩身钢筋或肋板等钢筋外露现象。潜在危害：钢筋外露加速钢筋的锈蚀，最终导致钢筋断裂失效等，影响抗滑桩整体加固防护效果。

保护层开裂：抗滑桩桩身或肋板等混凝土面层出现开裂破损现象。潜在危害：保护层出现开裂破损，持续加剧导致无法对钢筋起到保护作用，加速钢筋筋材锈蚀，最终影响抗滑桩加固防护功能。

3.3.3　锚固工程病害

锚固工程是利用埋设在岩土层中的锚杆(索)，将受到的拉力传至稳定岩土层，以保持结构物和岩土体的稳定性，在边坡工程中应用广泛。

锚固工程常见病害类型有：腐蚀性破坏、脱黏、断裂、锚头松动脱落或损坏等。

腐蚀性破坏：①锚固段筋材的腐蚀破坏。原因主要有锚固段注浆不足，受到岩土层中酸性物质的侵蚀，或锚固段没有进行套管保护。②自由段筋材的腐蚀破坏。主要有以下四种原因：岩土层运动造成拉筋超应力，使其产生裂纹；在有氯化物的情况下，水泥浆包裹不足甚至无水泥浆，由于耐久性差导致沥青包裹层破坏；保护材料选择不当，所有拉筋在无保护情况下存放了很长时间。实际工程中自由段筋材的腐蚀破坏形式多种多样，有单一型腐蚀，也有复合型腐蚀。③锚头的腐蚀破坏。既有安装后缺乏防腐保护，也有工作期间防护剂充填不完全或塌落。

脱黏：①杆体与砂浆的脱黏。说明砂浆对杆体的握裹力小于锚杆的极限承载力，主要由于砂浆强度不足或灌浆不密实引起的。②砂浆与锚孔的脱黏。锚固体长度不足、倾角不合适或锚固体未设在良好地层中，使得锚杆抗拔力大大低于设计拉力值，严重时锚杆将从岩土体中拔出。

断裂：①锚固体的断裂。施加预应力的过程中，锚固段保护层会产生张裂缝，留下腐蚀隐患。当腐蚀发生时，裂缝会随腐蚀的加剧而继续延伸，逐渐贯通直至断裂。当锚固段保护层厚度较小甚至为零时，更容易出现这种破坏。②预应力筋的断裂。张拉时发生的断裂主要由于预应力筋截面过小或强度不够。使用时发生的断裂则主要由于后期腐蚀破坏而引起。

锚头松动脱落或损坏：①当锚杆长度不足、不能抵抗边坡位移时，由于变形过大，锚头出现松动；②和抗滑桩共同作用时，由于竖向或水平向间距过大，造成抗滑桩抗弯能力不足，引起锚头松动；此外预应力损失也是造成锚头松动的原因；③锚头脱落主要是预应力张拉后锚具没有锚固住；④锚头损坏主要指承压板的破裂，这主要是承压板参数设计不当引起的；⑤除上述破坏类型外，还有岩土受冻胀、水的作用等引起的破坏。

图 3-38　锚头锈蚀

图 3-39　锚头破损

3.3.4　排水设施病害

水是诱发边坡失稳的重要因素之一，要防止边坡岩土体的强度降低、重度增加，必须考虑降低地表水和地下水。边坡工程中，为及时排出地表水和地下水，修建地表排水设施和地下排水设施，对边坡的稳定影响极其重要。在浙江省高速公路上，大部分边坡以地表排水为主，只有在地下水丰富和地下水诱发滑坡的区段才设地下排水设施。

地表排水工程常见病害有：淤堵、断裂、冲刷、冲毁、位移(坍塌滑坡等原因)。

淤堵：边坡排水系统由于杂物充填或设计坡率不合理而导致排水不畅、积水的现象(图 3-40、图 3-41)。潜在危害：边坡排水沟积水若未有效及时疏通，随着时间推移，水体可能渗入坡体，导致边坡岩土体力学参数指标降低，引起边坡坍滑、溜塌等次生病害，严重者造成坡体整体位移的滑坡危害，进而影响道路正常通行。

图 3-40　排水系统淤堵

图 3-41　排水系统淤堵

常见的处理方法是疏通排水系统或设置排水孔和泄水孔(图 3-42、图 3-43)。

图 3-42　排水孔

图 3-43　泄水孔

断裂：边坡截、排水沟在一个或多个地方出现较大裂缝、错裂的现象。潜在危害：由于水沟断裂，边坡排水通路被阻断，水体无法排出且易在断裂处入渗至坡体内部，可引起边坡坍滑等次生病害，严重者诱发滑坡。

冲刷：边坡截、排水沟侧部或底部在强大水流的冲击下，出现掏空、破损的现象(图 3-44)。潜在危害：由于水沟已被冲刷，存在一定的破损，特别是底部破损较严重，雨季时，强大的水流将进一步冲刷水沟，且水流将经由水沟渗入坡体，引发次生的边坡灾害。

冲毁：截、排水沟在水流冲击下出现破坏、损毁的现象(图 3-45)。潜在危害：水沟冲毁将导致边坡排水不畅，水流无法正常排出，水体渗入坡体，影响边坡稳定性，可能导致不同规模的边坡坍塌、溜滑、滑坡。

图 3-44　排水沟冲刷

图 3-45　截水沟冲毁

位移(坍塌、滑坡等原因)：截排水沟的某一段离开原来的位置、错移的现象。潜在危害：水沟错位移动，边坡水体不能有效排出，可能导致水沟病害部位边坡的坍塌、滑动。

第 4 章 边坡典型病害成灾机制

为有效开展公路边坡病害防治工作，对常见公路边坡病害的成因、成灾机制进行分析和归纳总结，积累边坡病害防治经验，为边坡治理工程提供科学依据，对公路边坡病害防控具有重要意义。

浙江高速公路路堑边坡病害典型成灾机理分析：总体上浙江高速公路路堑边坡病害成灾模式以崩塌、滑坡、剥落及冲刷四种类型为主。其中，崩塌以滑移-崩塌为主；滑坡以顺层岩质滑坡占比较大；剥落类型以片状剥落、层状剥落为主；冲刷病害则最为常见，主要由水引起，是常见“皮肤病”之一。在边坡建设及养护过程中需要重视边坡的排水。

4.1 典型病害致灾因素

边坡病害发生发展的影响因素复杂众多，主要包括岩土类型与性质、岩土结构与地质构造、水文地质条件，此外还有风化作用、振动作用、水的作用、人工改造等。准确分析各影响因素是边坡安全风险评估及稳定性研究的基础工作之一，可以为预测边坡变形与破坏、发生发展趋势，并为采取相应的边坡防控措施提供有效的依据。

各种影响边坡正常运营的致灾因素主要体现在以下几个方面。

(1)影响边坡岩土体的强度，如岩土类型与性质、岩体结构与地质构造、风化作用、水的软化作用等；

(2)影响边坡的形状，如人工开挖、填土、水流冲刷等；

(3)影响边坡的内应力状态，如坡体地下水的压力、地震作用、边坡堆填加载等。

对浙江省内多条高速公路边坡检查发现，大部分路堑边坡整体稳定性状况较好，大的变形破坏现象较少，但局部坡体或防护体系仍可能发生或已经存在的病害不在少数。

基于对浙江省高速公路高边坡的调研，病害致灾因素大致表现为以下几个方面。

4.1.1　坡体岩土强度致灾因子

(1)岩土类型与性质。

边坡岩土类型和性质是影响边坡正常使用的根本因素，决定边坡是否安全稳定和抵抗变形能力的强弱。

不同岩土类型的力学性质差别很大，如石灰岩、花岗岩等坚硬完整的岩石，能够形成高陡边坡，整体稳定性较好；软质、完整性差的岩石或土体不易形成高边坡，形成的边坡较低缓。

岩石中泥质成分越高，其边坡抵抗变形的能力越差。我国的滑坡研究者将那些容易引起边坡变形破坏的岩性组合称为易滑岩层，边坡变形破坏常以这些岩层出露地段最为强烈。因此，是否存在易滑岩层是边坡稳定性评价中最早需要考虑的问题。

此外，岩性还控制着边坡发生变形破坏的形式。如岩石软弱夹层常成为滑动面而发生滑坡；岩性坚硬的高陡边坡因受不利结构面控制而常发生崩塌破坏。

浙江省的相对易滑岩层主要为浙东南和浙中的砂岩、砂砾岩岩层如台金高速西段，出露地层岩性主要为中厚层状的紫红色钙质粉砂岩、凝灰质粉砂岩夹凝灰岩、砂砾岩等。其新建过程出现多次滑坡。目前公路运营阶段，仍有边坡存在一定的安全隐患(图 4-1、图 4-2)。

图 4-1　某高速公路 K88 砂砾岩下边坡病害

(2)岩体结构与地质构造。

在岩质边坡中，岩体结构面控制着边坡的变形破坏，特别是软弱结构面影响很大。因此，有必要分析结构面的成因、性质、产状、延展性、密度，以及不同结构面的组合关系、主要结构面与临空面的关系。其中，主要结构面与临空面的关系对边坡稳定性至关重要。

图 4-2　某高速公路 K116 砂砾岩路堑边坡病害

根据岩质边坡发育的主要结构面和边坡的空间关系，利用赤平投影法对边坡的稳定性作出快速、定性的初步判断。图 4-3 说明了岩质边坡失稳的三种常见类型与赤平投影图的相应关系。这三种失稳模式分别为(a)平面破坏——沿结构面产生顺层滑移破坏；(b)楔形体破坏——沿结构面的组合线发生滑移破坏；(c)倾倒破坏-沿反倾结构面产生剥落式破坏。

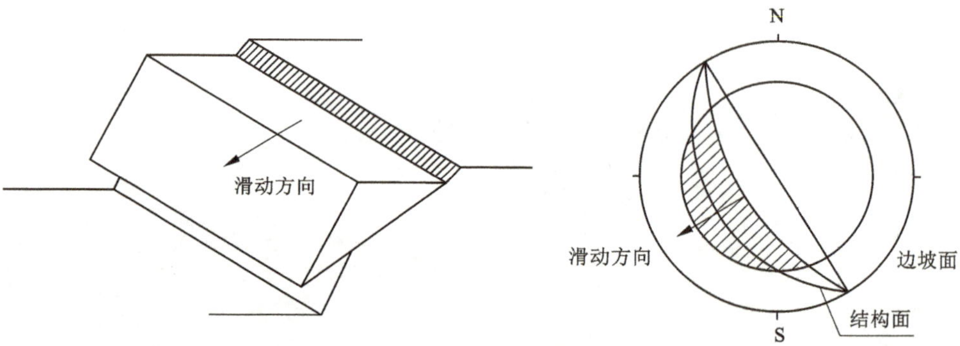

(a) 平面破坏

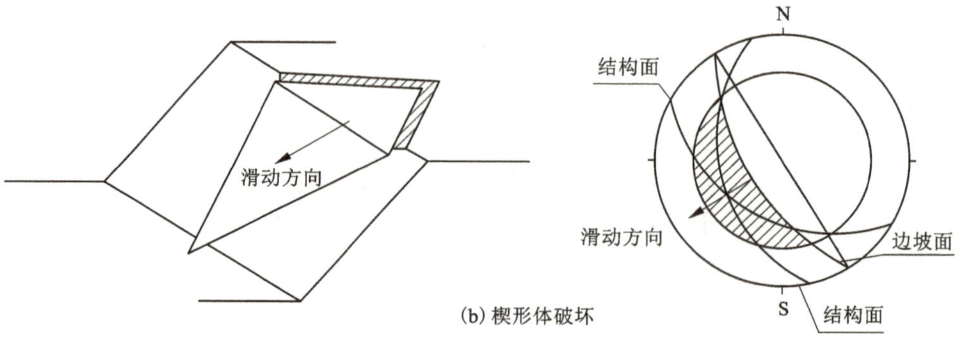

(b) 楔形体破坏

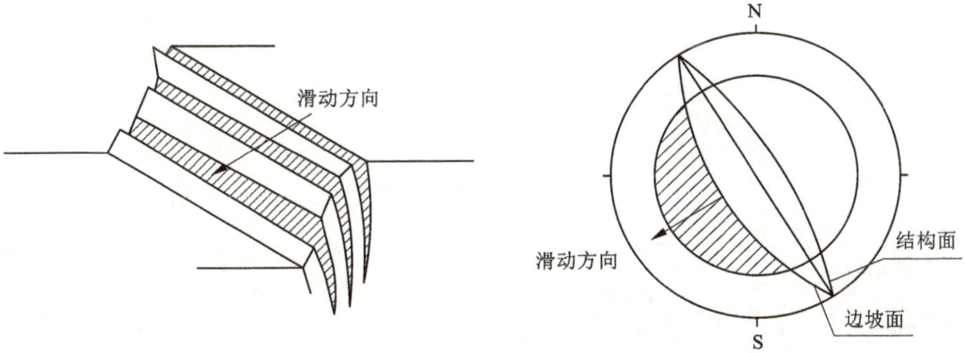

(c) 倾倒破坏

图 4-3　边坡岩体结构类型及其失稳破坏形式

典型的顺层滑移及楔形体破坏照片如图 4-4、图 4-5 所示。

图 4-4　顺层滑移破坏

图 4-5　楔形体破坏

如某高速公路 K270 处山体滑坡正是受岩体中不利结构面主导控制产生的(图 4-6)。

地质构造包括断层、褶皱、节理、裂隙，造成岩体的完整性变差，对边坡的稳定性影响很大。在近期强烈活动的断裂带，当断层倾向与坡向小角度相交时，极易发生崩塌、滑坡灾害；节理、裂隙是岩体中发育可能性最高的一种地质构造，岩体被多组节理相互切割分离成为不利因素时，往往边坡的稳定性较差。

(3) 风化作用。

风化作用是指地表或近地表的边坡岩石在自然营力(如大气、温度变化、水、阳光、生物作用等因素)的影响下，发生物理、化学变化，在原地形成松散堆积物

图 4-6　某高速公路 K270 处边坡病害

的过程。风化作用使岩土的性质劣化、强度减弱、裂隙增加，改变边坡形状，造成大量的地表水侵入等；沿裂隙风化时，降低结构面强度，最终使得岩土体剥落、崩塌等(图 4-7~图 4-8)。

图 4-7　坡面岩土体风化强烈，造成坡面剥落、掉块

影响风化速度的因素主要有两个：①岩层倾向与边坡临空面的关系。岩层存在顺层结构面时，雨水顺着结构面及时流失，下渗的雨水量少，岩体风化速度慢，风化程度整体偏低；存在反倾结构面时，边坡岩体风化速度快，风化程度整体较高。②岩性。不同岩石有不同的风化速度，也有不同的风化程度。例如泥岩在实验室测得的风化裂隙率比细砂岩的风化裂隙率高，加上其他影响因素的耦合作用，增大了边坡变形破坏的可能，表明岩石风化速度显著影响边坡的安全性。相对硬质岩边坡，软质岩边坡发生变形破坏、失稳的可能性增加，安全稳定性较差。如花岗岩往往形成巨厚的风化层，其与下部岩层接触面常常形成滑面，是浙江省

图 4-8　坡面岩土体风化强烈，造成坡面崩塌、坍塌

滑坡常见岩性之一，在温州和丽水地区较为常见。

同时，风化作用还使得边坡防护结构老化、弱化，使防护结构的耐久性降低。如常见的护面墙（挡墙）、喷砼及排水设施等，在风化作用下，逐渐出现病害。当此类病害发展到一定程度时，将对边坡防护功能产生较大影响。

1）护面墙（挡墙）风化。

随着时间的推移，受自然风化侵蚀、植物根系及雨水冲刷作用等因素的影响，护面墙或挡墙都不可避免地呈现出一定的结构病害。此类病害具体可表现为护面墙或挡墙墙面勾缝脱落、墙体开裂，护面墙浆砌块石松动、风化剥落等。该类病害在高速公路路堑边坡普遍存在。

图 4-9　护面墙块石松动、砂浆脱落

图 4-10　下边坡挡墙块石风化、剥落

2）喷砼面风化。

受长时间自然风化侵蚀及雨水冲刷作用等因素的影响，喷砼面逐渐风化，产

生裂缝；表面出现剥落、空鼓脱离等现象，并逐渐演变成碎屑物质形成坠落。风化剥落对道路安全影响不大，但是长期的风化剥落，使得边坡原有的岩土体裸露，在外力作用下，坡体岩土体进一步风化剥落，坡面形成危岩。

图 4-11　喷砼面风化破损、钢筋外露

3）排水设施风化。

此类病害多见于采用浆砌块石砌筑的排水结构，其情况类似于护面墙挡墙的风化。典型照片如图 4-12 所示。

图 4-12　排水设施风化破损、开裂

（4）水的软化作用。

水的软化作用表现为水的活动改变了岩土的结构，降低了岩土体的物理力学特性。岩质边坡中，当岩体或其含有的软弱夹层亲水性强、含有易溶矿物时，遇水后会发生崩解、泥化、易溶矿物流失等现象；岩石和岩体结构被破坏、抗剪强度降低，边坡稳定性变差。例如页岩、泥岩等亲水性很强的边坡，水对其软化作用显著。在边坡浸水后，其饱和抗剪强度比天然抗剪强度降低 30%~60%，极易发生变形失稳。土质边坡中，受到水的软化作用更为明显。

浙江作为沿海地区，汛期频繁降雨，边坡有充足的地下水，应充分重视地下水对公路边坡稳定性的影响(图 4-13)。

图 4-13　土质边坡在水的软化作用下发生坍塌

4.1.2　坡体形状致灾因子

边坡坡形包括坡高、坡度和坡脚地形，对边坡的安全稳定影响较大。与低缓、坡脚地形平坦的边坡相比，高陡的边坡受到重力作用和临空面应力释放的影响，更易发生变形破坏。例如水的冲刷作用和人工开挖、填土，改变了边坡的坡高和坡脚，导致坡体失稳。

(1)水流冲刷作用。

土质边坡受到地表水的影响主要表现为冲刷侵蚀。首先坡面的松散物质在地表水流动的过程中，比较均匀地被冲刷带走。边坡的坡顶线后移，坡度降低。对于不平整的坡面，部分区域分布一定的浅槽和低沟，或坡面土颗粒松散、不均匀；受冲刷侵蚀影响，坡面易形成细沟。随着冲刷时间延长，坡面细沟趋向变宽，成为冲沟或局部的沟坎，存在坍塌可能；或使边坡坡面岩土体不完整，稳定性逐渐变差。此外，这些坍塌体还会造成冲沟堵塞，严重时发生坡面泥石流等灾害。

岩质边坡由于岩石强度较高，不容易受到侵蚀，地表水对其影响程度相对较小。若岩石风化程度强烈，在较大强度降水作用下，岩石风化强烈的层面剥离出边坡坡体。地表水的流动带走这些剥离破碎的岩石后，造成新鲜基岩的裸露，暴露于自然环境下，受外界影响进一步风化。在长期的自然营利作用下，岩体风化裂隙加深、变薄，强度降低。

浙江雨水丰富，雨季时边坡坡面易形成地表径流，丰富的地下水往坡面排出对坡面产生冲刷，引起坡面冲刷破坏；尤其在土质边坡和风化强烈的岩质边坡中，水流冲刷作用明显，存在水土流失严重、防护网锈蚀破坏，局部发生坍塌、坡面泥石流等现象。应充分重视地表水冲刷对高速公路边坡的危害(图 4-14)。

图 4-14　坡面冲刷导致失稳

(2)人工改造。

在交通工程建设中，边坡开挖改变了自然斜坡原有的应力平衡状态，对边坡的稳定性造成巨大影响。人类改造公路沿线地质环境愈强烈，造成边坡变形破坏的可能性也就愈大，如由于欠合理的开挖坡率、不及时加固等极可能引起边坡失稳。

如某高速公路 K1585 号高边坡，坡高约 70 m，三级放坡，总体坡率 1 : 0.5。由于未采取深层加固措施，自 2000 年通车运营后，已经数年修复处治(图 4-15)。

图 4-15　某高速公路 K1585 边坡

4.1.3　坡体应力状态致灾因子

地壳表层岩土体地应力场的分布特征对边坡稳定及变形破坏有着重要的影响，而地应力场对边坡稳定的影响规律研究是一个非常复杂的课题。区域地质条件和地质历史、岩土体内自由临空面及不连续面附近的应力重分布和应力集中作用，受岩土体切割面附近的残余应力效应等诸多因素的影响，地壳表层岩土体内的应力状态极为复杂(图 4-16)。

图 4-16　边坡后缘应力释放所产生的裂缝

(1)振动作用。

振动作用包括地震和爆破，属于外力作用，是造成边坡破坏的最重要触发因素之一。振动力也是一种波动力，如爆破产生的波传到边坡上，对边坡的稳定性十分不利。振动作用可以导致岩土体下滑力增加，引发孔隙水压力的激增，岩土体强度降低；此外，强烈振动还易使边坡的岩土体结构松动、破碎，最后发展为崩塌、滑坡。许多大型崩塌、滑坡的发生与振动密切相关。

(2)地下水扬压力。

地下水扬压力包括静水压力和动水压力。

1)静水压力作用。

边坡上的静水压力主要有以下三种不同的情况。

①当边坡被水淹没时，作用在坡面上的静水压力。当边坡表层为弱透水岩土体时，坡面会承受来自水体的水压力，静水压力与坡面垂直，指向坡面，且对边坡稳定有利。

②水充填岩质边坡的裂隙时，裂隙水对坡体的静水压力。在降雨和地下水活动作用下，岩质边坡中部、后缘的拉张裂隙和陡倾张节理充水，裂隙两侧的岩土体将承受静水压力。此静水压力是一个作用于滑体、指向临空面的侧向推力，对

边坡的稳定性不利。

③作用于滑体底部的静水压力。如果边坡岩土体相对不透水，随着地下水位上升，静水压力作用在不透水的岩土底面，导致边坡体的抗滑力下降，对边坡的稳定性不利。即地下水位越高，边坡的稳定性越差。

2）动水压力（渗透压力）作用：如果边坡岩土体透水，当地下水从边坡岩土体中渗流排出时，受压力梯度作用，地下水对边坡产生动水压力；其方向与渗流方向一致，一般指向边坡临空面，对边坡稳定性不利。

在边坡病害现场调查过程中，发现不少边坡或附近有大量地下水，对边坡的稳定性造成了安全隐患。因此，应对这些边坡工程采取一定的安全评价及处治措施，进行地下水病害的处理（图 4-17）。

图 4-17　边坡渗水处治

4.2　典型病害破坏模式

4.2.1　土质边坡破坏模式

土质边坡可以分为均质土边坡和类土质边坡。均质土边坡物质组成相对均匀，土层性质较为单一，坡体结构简单；类土质边坡由于坡体组成物质的成因性质和结构状态等的差异和变化，坡体结构条件相对复杂。土质边坡的变形破坏的滑面形式主要有圆弧形、平面形、折线形、复合形四种形式。

（1）圆弧形。

圆弧形滑动是土质边坡破坏的基本形式，均质土坡以此类破坏模式为主。圆弧形滑动面的形成主要受控于坡形存在的最大剪应力面，不受历史上地质作用形成的软弱面（层）控制。边坡发生滑动前，近坡脚处有应力集中现象，剪应力大于该部位土体的抗剪强度，造成坡体蠕动和应力调整；坡顶则产生拉力破坏，出现张拉裂缝。一旦整个潜在滑面出现剪应力大于土体的抗剪强度，边坡将发生整体滑移。由于滑动面形状为圆弧形，故以旋转滑动为主[图 4-18(a)]。

(2)平面形。

平面形滑动常常受控于历史上地质作用形成的软弱结构面，滑动面形状为平直的面，如基岩顶面的剥蚀面、不整合面、老地面、不同成因的堆积(包括坡积、崩积、洪积物)面等。滑动面常沿下伏平直的基岩顶面、老地面或不同成因的堆积面滑动[图 4-18(b)]。

(3)折线形。

若干个平直面的组合成为滑动面，滑动面通常是基岩顶面的剥蚀面、不同成因或成分的堆积面等，是最常见的滑动面形态[图 4-18(c)]。

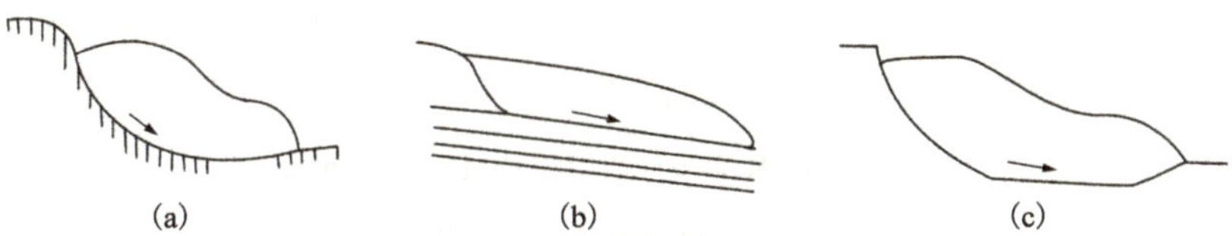

图 4-18　土质滑坡滑动面形态

(4)复合形。

该类滑面不仅包括以上各种滑面形式的组合，还包括滑体在剖面结构上的组合。即在同一滑坡中，可能包含圆弧形滑面、平面形滑面、折线形滑面。在滑坡剖面上也可以有多种组合形式，如图 4-19 所示，其中图 4-19(a)为多级滑坡，主要受控于基岩顶面的形状或岩体结构和构造，多见于阶梯状的山坡上；图 4-19(b)为多层滑坡，一个滑坡中包含多层滑动面，成因或性质各异或类似，这种情况常见于一些大型堆积层滑坡中，由于滑坡体中存在多种软弱层，在一定条件下边坡中可能发生多层滑坡；图 4-19(c)为多层、多级牵引式滑坡，由于前级先滑动，使得后部相继失去支撑而滑动；图 4-19(d)、图 4-19(e)为多级滑坡；图 4-19(f)为牵引式滑动。

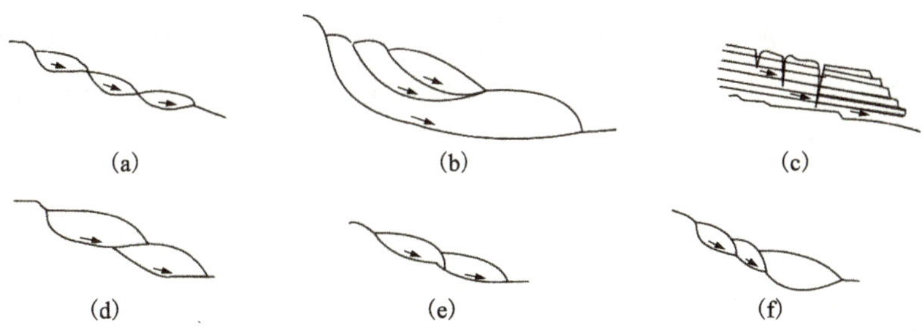

图 4-19　复合形滑面形态

4.2.2 岩质边坡破坏模式

坡体中存在不利结构面是岩质边坡变形破坏的主要原因，包括各种节理裂隙、软弱夹层及不连续面等类型。结构面的相互组合特征控制着岩质边坡的稳定性，根据边坡岩体结构的差异或岩体结构面产状与边坡坡面关系的不同，将形成不同的边坡破坏模式。如《水电水利工程边坡设计规范》(DL/T5353—2006)将岩质边坡的破坏模式划分为崩塌、滑动、蠕变、流动等类型，见表4-1。

表4-1 岩质边坡失稳破坏类型

<table>
<tr><th colspan="2">失稳破坏类型</th><th>破坏特征</th></tr>
<tr><td colspan="2">崩塌</td><td>边坡岩体坠落或滚动</td></tr>
<tr><td rowspan="3">滑动</td><td>平面型</td><td>边坡岩体沿某一结构面滑动</td></tr>
<tr><td>弧面型</td><td>散体或碎裂的岩石边坡沿弧形面滑动</td></tr>
<tr><td>楔体型</td><td>结构面组合的楔形体，沿交线方向滑动</td></tr>
<tr><td rowspan="3">蠕变</td><td>倾倒</td><td>岩层倾向与坡向相反的反倾向层状结构的边坡，表部岩层逐渐向外弯曲、倾倒</td></tr>
<tr><td>溃层</td><td>顺层向层状结构的边坡，层状倾角和坡角大致相似，边坡下部岩层逐渐向上鼓起，产生层面拉裂和脱开</td></tr>
<tr><td>侧向张裂</td><td>双层结构的边坡，下部软岩产生塑性变形，使上部岩层发生扩张、移动张裂和下沉</td></tr>
<tr><td colspan="2">流动</td><td>崩塌碎屑类堆积向坡脚流动，形成碎屑流</td></tr>
</table>

目前，岩质边坡破坏模式的划分多种多样，除了上述的《水电水利工程边坡设计规范》的划分外，国内外学者从不同的依据和目的提出了不同的划分方式。如根据边坡由层状或含层状岩体组成，分为蠕滑-拉裂、滑移-压制拉裂、弯曲-拉裂、滑移-弯曲、塑流-拉裂五种；根据边坡的变形破坏特征，分为水平剪切变形、倾倒变形破坏、顺层高速滑动、张裂顺层追踪和追踪平推滑移破坏五种；根据边坡岩体结构面的组合特征，分为无结构面型、单结构面型、双结构面型和多结构面型四种。

在边坡稳定性分析前，应根据边坡的工程地质条件及可能的破坏方式，判断边坡的破坏模式，基于此再进行边坡工程治理工作。目前在浙江高速公路边坡中，最常见到的岩质边坡破坏模式主要有平面滑动破坏、圆弧滑动破坏、楔形体破坏及倾倒破坏四种，分别介绍如下：

(1)平面滑动破坏模式。

平面滑动破坏主要原因为控制的结构面倾向与边坡坡向一致或较小角度相交，结构面的倾角小于坡角且大于其摩擦角。滑面是层状岩层层面或不同岩组之间的各种接触面。特别是岩层中夹有易滑的软弱层，如泥岩、泥灰岩等。天然侵蚀或人工开挖坡面与软弱层分布部位相邻时，更易产生顺层滑动。此破坏模式也有非典型的平面破坏，如滑面是由两个或两个以上倾向接近、倾角不同的结构面组成的复合滑面。

(2)楔形体破坏模式。

两组或两组以上的结构面组合形成交线倾向与坡面倾向较小角度相交，倾角小于边坡坡角，且在坡面出露，结构面切割形成的楔形体沿结构面发生滑移。在开挖卸荷作用下，边坡表面岩体发生松弛，抗剪强度有一定的降低。加之坡面凹凸不平，表面破碎的岩体存在临空面后，经常会有岩体以楔形体破坏形式发生体积大小不等的剥落、掉块。

(3)圆弧滑动破坏模式。

实际边坡工程中，经常能够遇到岩质边坡发生圆弧形滑动破坏。当岩体中的单个块体与边坡尺寸相比极小，且由于其形状的关系这些块体相互咬合较差、黏结力弱，岩质边坡的破坏就表现为圆弧形滑动。在极软岩边坡、碎裂或极破碎的边坡发生的失稳破坏，其滑面通常表现为圆弧形。

(4)倾倒破坏模式。

倾倒破坏常见于反向层状结构边坡岩体中。存在的陡倾结构面把岩体分割成一系列岩柱，岩柱为软质岩时，向坡面方向发生弯曲；岩柱为硬质岩时，被正交节理切割成岩块，向坡面方向发生翻倒。

4.3　典型病害发生机理

4.3.1　滑坡病害发生机理

4.3.1.1　滑坡病害性质

典型的滑坡要素如图 4-20 所示。

根据滑坡岩土体性质和类别，《滑坡防治工程勘查规范》(GB/T 32864—2016)对滑坡分类，如表 4-2 所示。

滑坡是地质灾害的主要形式之一，由于其频发、危害性大，对人民的生命财产安全造成不可估量的损失。要全面了解滑坡的特点，须对滑坡做出准确分析评价。滑坡灾害有着不同于其他地质灾害的特征，并随着社会的发展也展现出一些新的特点。下面归纳总结了浙江山区高速公路滑坡主要有以下六个方面特点。

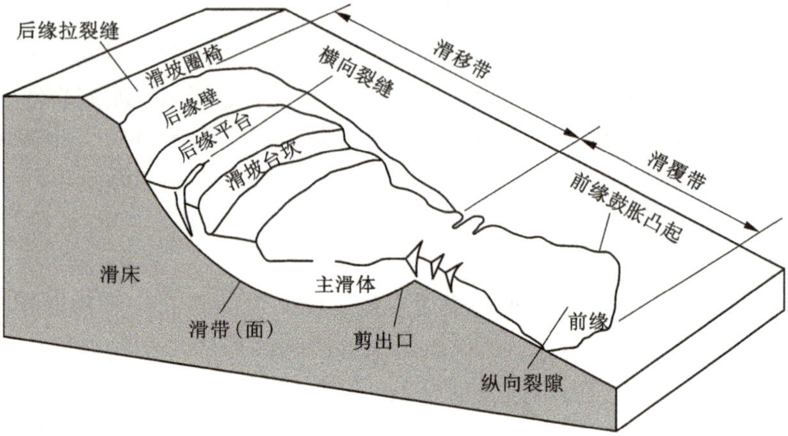

图 4–20　典型滑坡要素

表 4–2　滑坡岩土体和结构因素分类

类型	亚类	特征描述
堆积层（土质）滑坡	滑坡堆积体滑坡	由前期滑坡形成的块碎石堆积体，沿下伏基岩顶面或滑坡体内软弱面滑动
	崩塌堆积体滑坡	由前期崩塌等形成的块碎石堆积体，沿下伏基岩或体内滑动
	黄土滑坡	由黄土构成，大多发生在黄土体中，或沿下伏基岩面滑动
	黏土滑坡	由具有特殊性质的黏土构成
	残坡积层滑坡	由基岩风化壳、残坡积土等构成，通常为浅表层滑动
	人工填土滑坡	由人工开挖堆填弃渣构成，沿下伏基岩面或滑坡体内软弱面滑
岩质滑坡	近水平层状滑坡	沿缓倾岩层或裂隙滑动，滑动面倾角不大于 10°
	顺层滑坡	沿顺坡岩层层面滑动
	切层滑坡	常沿倾向坡外的软弱面滑动，滑动面与岩层层面相切，且滑动面倾角大于岩层倾角
	逆层滑坡	沿倾向坡外的软弱面滑动，岩层倾向山内，滑动面与岩层层面倾向相反
	楔体滑坡	厚层块状结构岩体中多组弱面切割成的楔形体滑动
变形体	岩质变形体	由岩体构成，受多组软弱面控制，存在潜在崩滑面，已发生局部变形破坏，但边界特征不明显
	堆积层变形体	由堆积体构成，以蠕滑变形为主，边界特征和滑动面不明显

(1)群发性和区域性。

在外界不利条件下，尤其受暴雨、地震作用时，滑坡多以群发、区域性的形式发生。同时，在某一地区相似的地质环境条件下也能够产生滑坡群发，表现出区域性的特点。

(2)多发性和突发性。

高速公路作为线性工程，其跨越里程很大，滑坡发生的次数也一般较多。沿线的人工开挖边坡为滑坡的发生提供了良好的地貌条件，在一定程度上增加了滑坡发生的频率。滑坡突然发生，来势迅猛，一般速度大、滑动距离远，危害的程度和范围较大，给人类生命财产安全带来更大的威胁。

(3)不确定性和周期性。

滑坡是在一种或多种条件相互作用下形成的，既受地球动力活动控制，又受边坡岩土体性质、结构和地形地貌等因素影响；既受自然环境要素控制，又受人类建设、改造自然等的影响。另外，滑坡的运动轨迹还受制于发生地的位置、岩土组成及物理力学性质、运行范围内的地形和障碍物等。因此，滑坡发生的时间、地点、强度等具有高度的随机性。

雨季有一定的周期性，其触发的滑坡也表现出周期性。滑坡常发生在每年的雨季，在暴雨的雨中或雨后，也在持续降雨之后。能够从一个具体的灾害体活动反映出这种特性，也可以从地区或区域灾害反映出这种特性。

(4)成因多元性和原地复发性。

滑坡的发生受气象水文、地形地貌、岩土性质、地质构造地震及人类工程活动等地质环境条件的影响。这些因素相互组合，更容易诱发滑坡。同时，在一次滑坡后再次受到不利因素影响时有原地复发的可能性。

(5)必然性和可预防性。

从根本上来说，滑坡灾害是地质历史发展变化的产物，有规律可循。在达到一定程度后发生的一种地质活动现象，因此有其一定的必然性。从滑坡灾害的动力过程看，当滑坡发生后，能量经过调整可再次达到平衡。但这种平衡是暂时的、相对的。在新增诱发因素作用下，又将产生新的不平衡，一次新的滑坡孕育而生。

通过研究滑坡的基本特征，查明空间分布，揭示并掌握其发生、发展的规律，进行预测、预报，起到有效预防及控制滑坡灾害，以最低程度地降低滑坡造成的损失。

(6)灾害影响的显著性。

随着人类的进步和科技的发展，社会组织管理能力日益增强，人类改造自然的能力愈来愈大，使得滑坡造成的损失和影响也愈来愈大，灾后的重建越来越困难。

4.3.1.2 滑坡病害形成机理

当边坡岩土体自身的抗剪强度逐渐降低或岩土体受到的剪应力不断增加时，其稳定性也随之变差。当岩土体抗剪强度小于剪应力后，这些部位先开始出现细小的裂隙。随着变形持续发展，斜坡上产生断续的拉张裂缝。随着裂缝增大、贯通，在其他因素的耦合作用下致使变形加剧，最后造成整体破坏而形成滑坡。

滑坡产生的过程极为复杂，其发生、发展通常由几个因素共同控制。准确分析各因素的影响，是滑坡稳定性评价的基础工作之一，可为预测滑坡的发生时间、发展趋势以及采取有效防治手段提供可靠的依据。按形成机理条件的不同，影响滑坡稳定的因素一般可分为内部和外部两个条件。

(1)滑坡滑动的内部条件。

内部条件是边坡发生失稳滑坡的必要条件，在一定的不利内部条件下，滑坡才可能发生。影响滑坡的内在因素主要包括四个方面：物质基础——适宜的岩土性质；结构条件——边坡岩体被切割成分离体；空间保证——具有有效临空面的存在；初始应力——滑坡体由于各种原因形成的构造应力。

1)物质基础。

岩土体是产生滑坡的物质载体。其结构松软、抗剪强度和抗风化能力低，在水的作用下其性质易发生变化，如松散覆盖层、泥岩、凝灰岩、片岩、板岩等，以及软硬相间的岩层所构成的斜坡易发生滑坡。边坡岩土体抗剪强度的高低、层厚多少等在边坡受力过程中的反应是不同的。另外，应力传递的难易程度等均对边坡稳定性起到重要的作用。

2)结构条件。

边坡岩土体常被内部构造面切割分离成不连续状态，故具备了向下滑动的条件，同时构造面又为降雨等进入斜坡内部提供了通道。斜坡有着各种节理、裂隙、层理面、岩性界面、断层发育，特别是当平行和垂直坡面的陡倾构造面及缓倾顺坡的构造面发育时，最易发生滑坡。

3)空间保证。

当边坡位于一定地貌区域、具有一定的坡度才可能发生滑坡。在一定高度的岩体上均有一定的势能，当其受到力的作用向下移动时，势能转化成动能。当岩体处于一个新的高度时，动能逐渐消失或重新转化为势能。形成有利、有效的临空面是滑坡发生的一个重要条件，其与边坡变形方向一致，引起边坡变形的合力方向指向临空方向；自由空间能将控制边坡变形的结构前缘切出，且坡度要大于控制结构面的倾角，使边坡变形的坡体有一定的势能转化空间。

4)岩土体的初始应力。

岩土体中的应力除了重力外，还有地质条件的构造应力、热应力、水应力等。边坡坡体应力分布特征决定了边坡的破坏模式和机理，应力的初始状态和本身的改变由很多因素决定。由于长时间的地质历史作用，边坡在一定部位和方向上形成的应力为滑坡发生提供了可能。构造应力主要指水平构造应力的影响，水平应力使边坡应力集中和分异现象加剧，对边坡的坡肩附近张力带的影响尤为明显。在构造运动强烈的区域，岩体中常存在较大的水平构造应力，对边坡稳定性的影响是不容忽视的。

(2)滑坡滑动的外部条件。

滑坡一般是在外部条件具备时才发生，并且是外部条件存在时才更可能发生高速运动。不同的外部条件促使滑坡发生机理是不同的，其主要包括水的作用、地震作用、人类工程活动等因素，简要描述如下。

1)内部水流的诱导作用。

地表水、降雨入渗是形成边坡内部水流作用的主要条件，地下水的作用主要可归结为降低边坡坡体的抗剪强度和增加水压力。

地下水对边坡岩土体的物理、化学作用。浸泡软化易滑岩层，导致软弱夹层既为隔水层又为饱水层。边坡抗剪强度显著降低，甚至完全丧失抗剪能力。

一方面，地下水的存在增加坡体重度及下滑力。另一方面，当水充满裂隙或空隙时，对坡体产生静水压力；出现水头差时，地下水发生渗流对坡体产生渗透力。由于水的作用，岩土体的受力情况可急剧改变。

2)外部水流的冲刷掏挖作用。

水流对边坡坡脚的冲刷掏挖，改变了边坡内部的应力状态。边坡水平应力得以释放，垂直边坡斜面的应力逐渐降为零，而平行于斜面的压应力增大。边坡坡脚形成应力集中，使得边坡处于不稳定状态而发生滑坡。

3)地震荷载的触发作用。

地震作用是触发滑坡的一个重要因素。作为一种具有动力荷载效应的因素，地震波通过边坡岩体时，造成边坡产生新的裂隙和块体之间的错动，并有可能使原有的结构面相对移动，进一步增加岩体的破裂性和非连续性，成为滑坡滑动的有效力量。同时，裂隙的形成也为后期水的渗入和岩石风化提供了有利的条件，为滑坡的发生和发展奠定了基础。

4)人类工程活动的触发作用。

由于人类不合理的工程建设活动，给滑坡的发生提供了很大的动力。在公路的建设过程中，不合理的开挖和堆填、加载以及粗放施工等原因，破坏了原有自然山体的稳定，为滑坡滑动创造了临空面条件，加速了滑坡的发生、发展，造成了严重的损失和后果。

4.3.1.3　滑坡病害发展变化过程

滑坡发育过程通常可划分为三个阶段，包括：蠕动变形阶段、滑动破坏阶段和渐趋稳定阶段。

(1)蠕动变形阶段。

在自然条件和人为因素作用下，斜坡内部剪应力不断增加，岩土强度不断降低，导致斜坡稳定状况受到破坏。当滑坡体的薄弱部位的剪切力大于抗剪强度，首先出现开裂，产生微小的滑动。当变形逐渐发展，坡面将出现拉张裂缝，呈断续分布。随着裂缝的出现，地下水作用的加强，滑坡体变形进一步发展。后缘拉张裂缝逐渐变宽并渐渐出现不大的垂直断距，滑坡体两侧也陆续出现剪切裂缝。坡脚附近的土层被挤压，显得比较潮湿；有时在坡脚可以观察到有浑浊的泉水渗出，此时滑动面已基本形成。蠕动阶段的持续时间有几天或数年不等，一般说来，滑坡规模越大，蠕动阶段历时越长。在滑坡滑动之前有各种前兆现象，做到前兆现象的早发现和早观测，可以及时为滑坡的预测和预防提供可靠依据。

(2)滑动破坏阶段。

当滑动面形成，滑坡体与滑床完全分离。滑带抗剪强度急剧减小，只要有很小的剪切力就能使滑坡体滑动。滑坡整体向下滑动后，滑坡后壁出露增高，且滑坡体分裂成数量不等的坡体，在地面上形成阶梯状滑坡台地；滑坡造成地表的树木东倒西歪，形成醉汉林；滑坡体上的建构筑物以及一些设施发生严重变形破坏。随着滑坡体向前移动变形，滑坡体前部伸出原有坡体范围的部分变为滑坡舌。在滑坡过程中，滑动面附近岩土体反复受到剪切作用，岩土体结构受到进一步破坏，抗剪强度不断降低，导致滑坡发生加速滑动。滑坡滑动的速度受滑带岩土抗剪强度降低的多少控制，并与滑坡体厚度、长度、滑动面形状，以及滑坡在斜坡上的位置等相关。对于速度快、来势猛的滑坡，滑动时往往伴有巨响并产生很大气浪，甚至造成巨大的灾害。

(3)渐趋稳定阶段。

加速滑动后，滑坡体重心降低，能量消耗在克服前进阻力和土体变形中；滑动变形速度逐渐减慢，并趋于稳定。滑动过程中岩土体变得松散破碎，透水性增大，含水量加大。滑坡停止后，在自重作用下，岩土体逐渐压实，地表裂缝逐渐闭合。该阶段可能延续数年之久，原有滑坡体上东倒西歪的醉汉林，上部枝干又重新垂直向上生长。但其下部已不能伸直，因下部的树干呈弯曲状，称为马刀树，这是滑坡趋于稳定的一种典型现象。

4.3.2 崩塌病害发生机理

4.3.2.1 崩塌病害性质

崩塌是一种发生在陡峻边坡上突然而又急剧的不良物理地质现象，也是常见的地质灾害。

崩塌的主要特征表现为具有突发性、高速运动、冲击力大、破坏性强及垂直位移大于水平位移。崩塌体运动的形式主要有以自由落体的方式坠落、沿坡面滚动而崩落。前者规模一般较小，从不足一立方米至数百立方米；后者规模一般较大，可在数百立方米以上。

崩塌发生的地质条件和诱发因素多种多样，根据崩塌体的受力状态和起始运动形式，崩塌的分类见表 4-3 所示。

表 4-3　崩塌的分类

序号	类型	岩性	结构面	地形	受力状态	起始运动形式
1	倾倒式崩塌	黄土、直立或陡倾坡内的岩层	多为垂直节理、陡倾坡内-直立层面	峡谷、直立岸坡、悬崖	主要受倾覆力矩作用	倾倒
2	滑移式崩塌	多为软硬相间的岩层	有倾向临空面的结构面	陡坡通常大于 55°	滑移面主要受剪力	滑移
3	鼓胀式崩塌	黄土、黏土、坚硬岩层下伏软弱岩层	上部垂直节理，下部为近水平的结构面	陡坡	下部软岩受垂直挤压	鼓胀，伴有下沉、滑移、倾斜
4	拉裂式崩塌	多见于软硬相间的岩层	多为风化裂隙和重力拉张裂隙	上部突出的悬崖	拉张	拉裂
5	错断式崩塌	坚硬岩石、黄土	垂直裂隙发育，通常无倾向临空面的结构面	大于 45° 的陡坡	自重引起的剪切力	错断

(1)倾倒式崩塌。

在河流峡谷区等陡立边坡上，经常见有巨大而直立的岩体以垂直节理或裂隙与稳定的母岩分开。这种岩体在断面图上呈长柱形，横向稳定性差。如果坡脚遭受不断地冲刷掏蚀，在重力作用下或有较大水平力作用时，岩体会因重心外移倾倒产生突然崩塌。

这类崩塌的特点是崩塌体失稳时，以坡脚的某一点为支点发生转动性倾倒。这种崩塌模式的产生有多种途径：①在重力作用下，长期冲刷掏蚀直立岩体的坡脚，产生偏压失去重心，直立岩体倾斜，最终导致崩塌；②当附加特殊的水平力（地震力、静水压力、动水压力以及冻胀力等）时，岩体可倾倒破坏；③当坡脚由软岩层组成时，雨水软化坡脚产生偏压，引起崩塌；④直立岩体在长期重力作用下，产生弯折也能导致这种崩塌。

（2）滑移式崩塌。

临近斜坡的岩体内存在软弱结构面时，若其倾向与坡向相同，则软弱结构面上覆的不稳定岩体在重力作用下具有向临空面滑移的趋势。一旦不稳定岩体的重心滑出陡坡，会产生突然的崩塌。除重力外，降水渗入岩体裂缝中产生的静、动水压力以及地下水对软弱面的润湿作用都是岩体发生滑移崩塌的主要诱因。地震有时也可引起滑移崩塌。

（3）鼓胀式崩塌。

若陡坡上不稳定岩体之下存在较厚的软弱岩层，或不稳定岩体本身就是松软岩层，则深大的分离面把不稳定岩体和稳定岩体分开；当连续降雨或地下水使下部较厚的松软岩层软化时，上部岩体重力产生的压应力超过软岩天然状态的抗压强度后软岩即被挤出，发生向外鼓胀。随着鼓胀的不断发展，不稳定岩体不断下沉和外移，同时发生倾斜，一旦重心移出坡外即产生崩塌。因此，下部较厚的软弱岩层能否向外鼓胀，是这类崩塌能否产生的关键。

（4）拉裂式崩塌。

当陡坡由软硬相间的岩层组成时，受风化作用或河流的冲刷掏蚀作用，上部坚硬岩层在坡面上常常突悬出来。突出的岩体通常发育有构造节理或风化节理，在长期重力作用下，分离面逐渐扩展。一旦拉应力超过连接处岩石的抗拉强度，拉张裂缝就会迅速向下发展，最终导致突出的岩体突然崩落。除重力的长期作用外，震动力、风化作用（特别是寒冷地区的冰劈作用）等都会促进拉裂崩塌的发生。

（5）错断式崩塌。

当陡坡上长柱状或板状的不稳定岩体无倾向坡外的分离面和较厚的软弱岩层时，一般不会发生滑移崩塌和鼓胀崩塌。但是，当有强烈震动或较大的水平力作用时，可能发生如前所述的倾倒崩塌。此外，在某些因素作用下，可能使长柱或板状不稳定岩体的下部被剪断，从而发生错断崩塌。悬于坡缘的帽沿状危岩，仅靠后缘上部尚未剪断的岩体强度维持暂时的稳定平衡。随着后缘剪切面的扩展，剪切应力大于危岩与母岩连接处的抗剪强度时，会发生错断崩塌。

对浙江高速公路边坡病害的统计梳理可以得出，崩塌病害较为常见，其中又以滑移式崩塌（图 4-21）和拉裂式崩塌（图 4-22）为主。

图 4-21　滑移式崩塌

图 4-22　拉裂式崩塌

4.3.2.2　崩塌病害形成机理

崩塌一般发生在较坚硬岩区域的高陡边坡上。其形成的一般机理为：因人类工程活动(如修建道路、建筑等进行人工开挖)或河流冲刷作用形成的高陡临空面，由于卸荷、应力重分布，在卸荷处产生了张拉张裂隙；这个裂隙又与其他的裂隙、节理等相互组合，逐渐连通形成了危岩体；在地震或者爆破性的震动等外力作用之下，危岩体突然间脱离了母体，导致其翻滚、坠落，零散地堆在坡脚处。卸荷区内危岩体崩塌大多是由边坡前缘向后呈牵引式的扩展。岩体结构的不同会使崩塌的形成机制也有所不同，介绍如下。

(1)水平岩层(一般形成倾倒崩塌或错裂崩塌)。

卸荷裂缝持续发展，水平岩层的层面垂直向裂隙表面贯穿，危岩体的底部产生剪切性的破坏，形成了崩落。崩塌区域向着边坡的后方继续扩展。如果危岩底部同时含有一些软弱或者是破碎的夹层，软弱的夹层发生蠕变或者是超前性质的风化，都会对危岩底部的剪切性的破坏形成加速效果。有的危险体由于底部软弱的岩层风化强烈、掉落，造成危岩体底部悬空。

如果危岩的底部不易发生破坏，危岩体在垂直方向的裂隙中存在静水压力；或者在充填物的水平推力的作用之下，卸荷产生的裂隙在向着深部进行发展的同时，危岩体逐渐向外部倾斜，在地震等一些外作用力的作用下会产生倾倒性的崩塌。

(2)顺向岩层(一般形成滑移崩塌)。

岩层在经历过了强烈的挤压作用后，构造裂隙相对发育。在边坡开挖或者河流的冲刷所产生的卸荷力作用下，卸荷裂隙又会在垂直裂隙的基础上继续发展，危岩体沿着岩层出现滑落形成崩塌。崩塌范围会由内边坡坡肩前缘向后扩展，直到边坡继续趋向稳定。

(3)逆向岩层(一般形成错裂崩塌)。

在边坡开挖的卸荷力作用之下，卸荷裂隙普遍在构造裂隙基础之上继续发展。在危岩体的压力作用之下，垂向的裂隙面在贯通之后会形成崩落。崩塌的区域会从内边坡的中下部向上和向后扩展。

(4)块状岩体。

火成岩作为块状岩体最典型的代表，有着岩体的结构比较均匀、强度相对较高的特点。边坡进行开挖之后，卸荷裂隙会沿着岩体的结构和构造继续发育。比如沿着玄武岩的柱形节理裂隙发育，沿着花岗岩的结构裂隙发育，以及沿着受到区域性构造应力作用而形成的构造裂隙继续发育。卸荷裂隙在重力的作用下，由其表层继续向深部进行发展。而岩石的高强度、不易破坏特点，使其比较容易形成高大的危岩体，以致发生崩塌的危险性更大。卸荷裂隙一般由坡肩的前缘自外而里，自上而下进行发展。

4.3.2.3 崩塌病害发展变化过程

崩塌病害发展变化过程经历潜在崩塌体的形成、潜在崩塌体的位移、崩塌发生三个阶段，具体如下。

(1)潜在崩塌体的形成。

潜在的崩塌体是在斜坡发育过程中同时形成的，由单独的或多个大小不一的岩块或土块(危岩体)组成。其一般位于陡立斜坡的前缘和坡顶，属于斜坡的一部分。在经历了长期多次构造活动之后，断块差异升降、地层褶皱使斜坡岩层中分布着大大小小的裂隙。它们可以是地层的层面、节理，也可以是构造裂隙和断裂形成的破裂面。与此同时，在水流、风力等外力地质作用下，地形不断分异，在正、负地形的过渡带形成了大大小小、高低不等、陡缓不一的斜坡。斜坡前缘不仅保留着前期的裂隙，还因坡体内外受力状况的差异，加大隙宽，形成大量卸荷裂隙。这些张开的裂隙，即分离面将岩石分割成一个个独立块体，彼此凭借棱角相互咬合。由于坡体内部与边缘的应力分布十分不均匀，斜坡的眉峰两面临空，处于极不稳定的状态，此处的岩土块体也就成了危岩体。

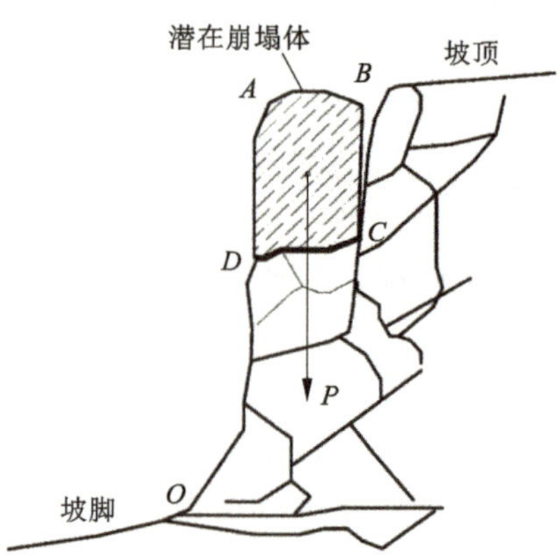

图 4-23　崩塌示意图

(2)潜在崩塌体的位移。

潜在崩塌体形成后，并不意味着崩塌立即发生。通常要经过一段累进的位移阶段，所需的时间长短，事先往往难以预料。这主要取决于外界条件激发的强度、方式，以及关键性分离面的产状和粗糙度等。如图 4-23 所示，潜在崩塌体 *ABCD* 可能由于 *CD* 分离面较粗糙，下滑力未超过抗滑阻力，此时重心仍在斜坡体内，不会发生崩落。当 BC 分离面充水，在冬季冻结或有植物根劈作用时，该块体会受推力向坡外轻微移动。若这些作用反复施加，BC 面的隙宽将不断扩大，直至 ABCD 块体的重心移出 DO 线外，崩塌随之发生。此外，雨水或坡内地下水的长期作用，还可能使 CD 面发生泥化或被黏土质风化物充填，使其抗剪强度降低，抗滑阻力减小。若 CD 面倾角较大，抗滑阻力小于由重力形成的滑动力时，ABCD 块体会快速滑动，冲出坡外。

(3)崩塌发生。

当潜在崩塌体的重心转到坡面外侧时，崩塌会在瞬间发生，潜在的崩塌体即刻变为崩塌物。在此瞬间，岩块可沿坡面发生跳跃、翻滚、互相撞击等行为，最后在坡脚停止并堆积；也可因坡面过于陡立或呈反坡，以垂直落体的方式，直接坠入坡脚。

大型崩塌发生时，因其方量大，冲击力强大，往往会激起巨大气浪，并伴有强烈的震动和巨大响声。

4.3.3　剥落病害发生机理

4.3.3.1　剥落病害性质

剥落病害不涉及边坡的整体失稳，属于边坡浅表层的病害，也是边坡“皮肤病”症状中常见的一种。在硬质岩边坡中剥落比较缓慢，而在软质岩中相对较严重。在长期的物理风化作用下，岩体的剥落使得剥落处上方的岩体悬空，形成危岩体。若不加以及时治理，坡面剥落深度进一步加深，使得边坡病害更加严重，剥落物越来越多，造成边坡更加陡立，甚至可能引起滑坡、崩塌等地质灾害。

4.3.3.2　剥落病害形成机理

边坡剥落受内因和外因的共同影响。内因有坡体自身的岩土性质、结构、成因等，外因有边坡所在的自然环境、人为因素等。其形成机理如下。

(1)岩土体本身的工程地质特征是发生剥落的必要条件，如岩体结构、岩石风化程度、节理裂隙发育、岩土的渗透性等；

(2)坡面裸露，无防护或防护效果不理想，不重视后期的养护；

(3)长期的雨水、气温变化、风化作用等使坡面岩土体整体性破坏，变成鳞片状碎块、细粒；

(4)人为因素：设计人员考虑不合理，开挖形成边坡坡面较陡，为坡面物质提供动力条件；施工过程中施工方法不当，机械冲击扰动、坡面不平整、雨水易下渗等。

边坡剥落主要有片状剥落、表层结皮剥落、层状剥落、鱼鳞状剥落及厚块状剥落等类型，不同的类型形成机理不同。

(1)片状剥落。

在边坡开挖过程中，坡面表层一定范围内的岩土体受到扰动，破坏了岩土体完整性。另外，边坡开挖完成后，短时间内坡面土体内水分迅速蒸发，在坡面上逐渐形成一层硬壳。该硬壳在外界温度变化产生的热胀冷缩、干湿循环等外营力作用下，逐渐与边坡土体间形成一分界面，同时在硬壳上形成许多细小裂隙。当这些细小裂隙贯通并与分界面将局部硬壳切割成独立的块体时，在自重、降雨等作用下，独立块体沿坡面脱落，堆积在平台或坡脚。

(2)表层结皮剥落。

经过较长的时间，边坡表面形成厚度 3~5 cm 的表层结皮。少量的表层结皮起到一定保护坡面的作用，但表层结皮大片形成时，在温差及降雨等外界因素作用下局部会脱落于下部的土体，进而造成下部的土体裸露、坡面凹凸不平。

(3)层状剥落。

主要发生在基岩与黏土、砂黏土等交互层处。因各层物质成分及含易溶盐差异，其风化的快慢和强烈程度不同，形成层状或带状剥落。

(4)鱼鳞状剥落。

一般发生在易溶盐含量较多的第四系风积、粉质黏土等地区。易溶盐随坡体内水分的蒸发集聚到坡面，造成坡面的松胀并发生脱落，形成大量的凹陷和凸起，使剥落的坡面呈鱼鳞状。

(5)厚块状剥落。

剥落面一般呈弧形、长方形，且平整光滑；剥落体厚度不均，剥落规模也不一。从坡脚向坡面延伸发生剥落，严重破坏坡面完整性和边坡稳定性。

在对浙江公路边坡进行大量现场调查发现，边坡剥落病害不在少数，其中又以片状剥落和层状剥落为主，如图 4-24、图 4-25 所示。

图 4-24　片状剥落

图 4-25　层状剥落

4.3.3.3　剥落病害发展变化过程

边坡剥落病害主要由于边坡坡面未采取及时有效的防护措施，在温差变化、交替的干湿作用和冻融作用、车辆振动等的影响下，裸露的岩土体风化然后崩解。在风、水及自重等外力及内力作用下，沿着边坡坡面向下运动，最终堆积于坡脚处，如图 4-26 所示。

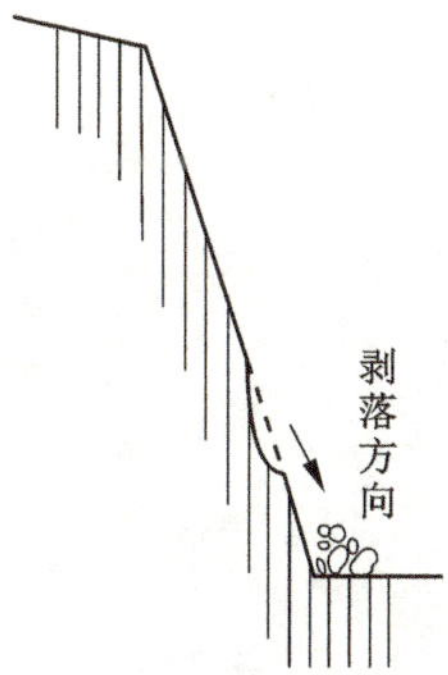

图 4-26　剥落病害模式

4.3.4　冲刷病害发生机理

4.3.4.1　冲刷病害性质

公路建设改变了原始地形地貌，加速了自然侵蚀，冲刷进程。同时，由于边坡常年裸露，边坡发生病害、变形以及破坏的概率增大，严重影响公路正常安全运营和生态环境。在已建成的公路边坡上，由于坡面的冲刷，将导致边坡防护工程部分或全部失效，增加养护费用。

4.3.4.2　冲刷病害形成机理

根据不同冲蚀的特点对坡面冲刷的形成进行归纳、分类，能够系统、深入地了解坡面冲刷，为冲刷形成机理的研究奠定基础。边坡冲刷可按冲刷阶段和侵蚀形态、颗粒运移方式两种方法划分。

(1)以冲刷阶段和侵蚀形态相结合划分。

1)溅蚀：在冲刷初期发生，整个坡面均有可能遍布。坡面土颗粒松散、抗冲刷能力较弱，在降雨的动能冲击下，发生跳跃移动，紧接着土颗粒随着溅散雨滴随机散落在坡面上。随着降雨的进行，坡面形成薄层水流，雨滴也会冲击薄层水流，增强了冲蚀能力。该过程只在降雨初期作用较大，打破了坡面表层土颗粒的稳定状态，削弱了坡面的抗侵蚀能力，使部分土颗粒发生位移，是后续冲蚀破坏的基础。

2)片蚀：持续降雨后，土体吸水、入渗能力下降，雨水来不及下渗，坡面形成许多细小、分散的坡面径流，带走边坡表面松散或被溅蚀击散的土颗粒(图 4-27)。

3)沟蚀：片蚀形成的坡面径流使坡面形成短小、较浅的冲刷纹路。加之坡面某些部位抗冲刷能力较弱，便会在径流分散、汇聚的过程中形成较长的细沟。随着细沟长度和深度的不断加大，沟蚀进入浅沟侵蚀阶段。浅沟更加有利于径流的汇聚，形成更大的冲刷和下切力，不断增加细沟的深度、宽度和长度。进入冲沟侵蚀阶段，这时的沟槽一般长度较长，兼并了两侧细小的浅沟，下切深度较大。整个沟蚀过程沟槽的形状演变为 V 型→U 型→梯形型(图 4-28)。

图 4-27　片蚀冲刷

图 4-28　沟蚀冲刷

4）坍塌：坍塌表明冲刷破坏到了后期，已经非常严重。在持续的水流冲刷作用下，沟槽侧壁悬空甚至被掏空，导致侧壁的土体失去支撑发生变形破坏，掉落堵塞沟槽。掉落的土体松散，极易被水流冲散进而带走，形成了水流冲刷和重力共同作用下产生的冲刷坍塌。

（2）以颗粒运移方式划分。

根据土体在水流作用下的运动方式，分为推移运动和悬移运动，将坡面冲刷分为推移冲刷（土中粒径较大部分）和悬移冲刷（土中粒径较小部分）。

1）推移冲刷：水流速度大于土颗粒运动速度时，发生接触式冲刷；若坡面凹凸不平，则土颗粒呈滚动跳跃状态移动，发生跃动冲刷；水流速度较大时，不止一层土体发生移动，变为层移冲刷。

2）悬移冲刷：颗粒由于体积较小，其自重不大于浮力，将悬浮在水中，以水流速度随水流运动。

前者多发于水流速度较慢的情况，后者普遍发于水流速度较快时，以上两种冲刷也可以同时发生。

4.3.4.3　冲刷病害发展变化过程

坡面冲刷发展变化历经二个过程，包括降雨溅蚀和径流冲刷引起土颗粒分离、泥沙转移和沉积。其中降雨溅蚀是形成冲刷的最初形式，是径流冲刷产生的必要条件及催化剂，但径流冲刷占据主导地位。

（1）降雨溅蚀。

当雨滴平均落速达到一定值（7~9 m/s）时，土颗粒受到侵蚀而溅起。降雨溅蚀具体可分干土溅散阶段、泥浆溅散阶段及层状侵蚀阶段三个阶段。

1）干土溅散阶段。

降雨初期，土体表面比较干燥，土颗粒间隙含有空气，土颗粒未能及时吸收降到土体表面的雨水。土颗粒只是随雨滴一起溅散开，其结构还没有发生变化。

2) 泥浆溅散阶段。

随着降雨时间的增加，表层土体间隙被越来越多的水分填充，并继续接受雨滴的冲击及震荡，导致土体的结构发生破坏。当土体表层的含水量达到饱和时，土体变为稀泥状态，此时再受到雨水的冲击，将以稀泥状态溅散。

3) 层状侵蚀阶段。

降雨时间持续不断的延长，土体表层的稀泥使土体孔隙阻塞、土体渗透性下降。雨水继续下渗变得困难，坡面表层开始形成径流。径流呈浑浊、泥浆状，均匀地带走土体表层的土颗粒。

(2) 径流冲刷。

当降雨强度超过土体表层的入渗能力后，坡面便开始产流。产流后，坡面最早形成薄层漫流。在较微弱的漫流冲刷过程中，由于坡体表面微起伏及抗侵蚀性的不均匀性，使径流在顺坡向下流动时汇集。随着水流的继续增大、水深变大，便形成了股流。随着水流的继续增大，向下不断地侵蚀土体，土体分离、游离形成泥沙，最终导致水土流失、边坡遭到破坏。

第 5 章 边坡检查及日常养护

5.1 安全风险检查评价

5.1.1 安全风险检查与评价的意义

(1)科学管理：通过收集边坡工程相关资料和现场踏勘调查，及时发现和掌握边坡病害的发展趋势，科学评估边坡的安全技术状况和服务水平；

(2)降低风险：通过对边坡安全风险检查及评价，对可能出现的灾害情况予以预警，降低灾害发生的概率，为边坡养护分类管理和隐患治理提供数据支撑；

(3)指导养护：通过边坡检评结果分析，为制订边坡养护对策、巡查与养护规划提供参考依据，对交通运营畅通和安全具有重要的指导意义。

5.1.2 安全风险检查与评价方法

(1)边坡安全风险检查。

检查分为日常巡查、定期检查和特殊检查。

1)日常巡查指以目测为主，针对边坡坡面、排水设施及防护构造物等进行的一般性检查；

2)定期检查指为进行安全风险评估，按规定的方法对边坡各部位进行的全面检查；

3)特殊检查指在日常巡查和定期检查的基础上，进行专门勘察、试验和检测，有针对性地深入补充检查，以进一步查明病害原因或破坏程度。

(2)边坡安全风险评价方法。

根据浙江省地方标准《DB 33/T 2099—2018 高速公路边坡养护技术规范》的评价办法，采用边坡安全风险分数 RS 来表示边坡安全风险程度的相对高低。边坡安全风险评估包括：稳定性分数 IS、滑坡后果分数 CS 评估和归一化因子 NF 三个部分；其中二元结构边坡分别按照土质边坡和岩质边坡单独评估，取 RS 的大值作为其安全结构风险分数。边坡安全风险分数 RS 计算公式：

$$RS = NF \times TS = NF \times IS \times CS/100$$

边坡安全风险分为Ⅰ、Ⅱ、Ⅲ、Ⅳ四个等级，边坡安全风险分类见表 5-1。

表 5-1　边坡安全风险分类

安全风险类别	Ⅰ类	Ⅱ类	Ⅲ类	Ⅳ类
安全风险分数（RS）	RS≤45	45<RS≤55	55<RS<60	≥60
技术状况	整体状况好	整体状况一般，有零星剥落掉块可能，但无局部失稳危险	整体状况一般，存在局部失稳危险	整体状况差，局部失稳已发生或已可预见，存在整体失稳风险
已加固且 RS > 55 边坡二次评估	边坡加固工程基本完好	边坡加固工程存在局部破损，但未失效	边坡加固工程可能局部失效	边坡加固工程破坏严重

安全风险评估过程如图 5-1 所示。

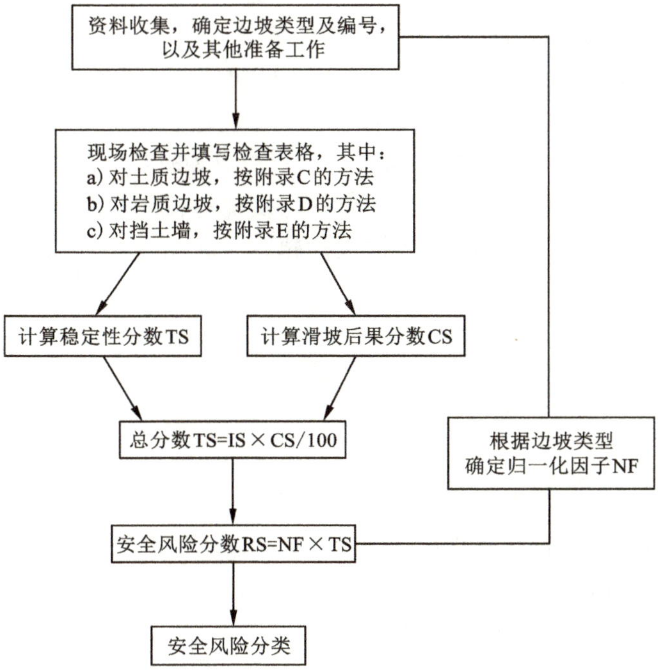

图 5-1　边坡安全风险评估流程

根据交通量和边坡安全风险类别，按表 5-2 对边坡养护进行分级。

表 5-2 边坡养护等级划分表

单车道年平均日交通量/[pcu/(d·ln)]	安全风险类别			
	Ⅰ类	Ⅱ类	Ⅲ类	Ⅳ类
<5000	三级	三级	二级	一级
5000~10000	三级	二级	二级	一级
>10000	三级	一级	一级	一级

5.1.3 安全风险检查与评价建议

此节主要针对已有定期检查的边坡，就边坡工程师如何较好地自主开展安全风险检查与评价提出相关建议。

(1)充分研读专业单位提供的定期检查报告，就其中边坡安全风险分类等级高的边坡需要重点关注。

(2)充分掌握其所管辖边坡基本情况，尤其是重点边坡，比如边坡高度信息、边坡物质组成，若为岩质边坡还须重点关注其地质结构的情况，如发育顺层结构面边坡的顺层破坏或结构面组合楔形体破坏等。

(3)掌握边坡发育主要病害，比如崩塌、掉块落石、坍塌、滑坡、截排水设施破损、防护结构破损等。其中崩塌、掉块落石、坍塌及滑坡应重点关注。这一类病害往往具有突发性，会对高速公路安全运营造成瞬时危害隐患。

(4)日常巡查时，除关注专业检评单位已发现的病害是否有继续扩大趋势外，还应重点关注边坡可能新出现的截排水沟错位、坡面开裂或沉陷、防护结构开裂、倾斜等异常状况。

5.2 边坡总体养护要求及对策

5.2.1 总体要求

(1)边坡应确保运行状态良好，无重大安全隐患，边坡稳定可控。

(2)日常养护应遵循经常性、周期性、全面性、及时性的原则，做到早发现、早整治，确保边坡及附属构筑物运行状态良好。

(3)汛期、台风、暴雨等恶劣天气期间，应加强日常养护。

(4)边坡坡面应保持平顺、坚实、无冲沟、无裂缝，对坡面浮石及危岩体应及时处理。

(5)做好边坡巡检查工作，记录现场巡检查情况，发现问题及时上报、及时处理。

(6)坡顶截水沟、平台排水沟及坡面急流槽等排水系统保持完好，发现开裂破损、渗水、漏水等情况及时修复；排水系统纵坡不适导致排水不畅及时进行修复，现场设置不合理时及时完善。

(7)边坡检修道、扶手保持完好，发现破损及时修复，应保持检修道畅通。

(8)经常检查、维护边坡支护措施，以保证其完整性良好。

(9)发现边坡安全隐患及时组织处治，对存在的重大隐患要迅速做好应急处治措施，并立即向上级单位报告。

(10)做好须观测边坡的观测工作，并做好监测记录。

(11)严禁在边坡坡脚及坡面无序开挖、翻土种植农作物、建造其他建(构)筑物。

(12)边坡养护管理工作应注意现场作业安全，配备必要的安全设施，相应人员应进行岗前安全培训。

(13)边坡养护应重视资源节约、环境保护与水土保持，改善边坡生态，并与周边环境协调。

(14)通车状态下，边坡养护作业应在保障安全的前提下进行，并采取措施减少对交通的干扰，确保运营安全。

(15)边坡养护除应符合以上规定外，尚应符合有关规范、标准的规定。

5.2.2　总体养护对策

(1)宜根据安全风险类别来确定养护对策，并符合以下规定：

1)对风险分类中的Ⅰ、Ⅱ类边坡，应在日常巡查的基础上，以日常养护为主。

2)对风险分类中的Ⅲ类边坡，应加强日常巡查及日常养护，必要时增加监测。当病害发展速度较快，安全风险有增大趋势时，应及时进行专项整治。

3)对风险分类中的Ⅳ类边坡，应尽快进行专项整治。

(2)特殊情况下，当边坡出现整体滑塌迹象，并发展迅速、危及运营安全时，应按应急抢险对待。

5.3　边坡常见养护措施

5.3.1　坡面养护

(1)坡面常见病害有掉块落石、开裂、冲刷、沉陷、坍塌等。

(2)坡面掉块落石的，应及时清除，以免堵塞边沟、危及行车安全。

(3)坡面开裂时，应及时封闭，必要时可与喷浆、植被等防护形式相结合。

(4)坡面冲刷、植被剥落时，应清理冲刷剥落区域并恢复植被。

(5)坡面出现沉陷、坍塌的，应及时嵌补回填，回填时应开挖台阶，分层填筑并夯拍密实。

(6)坡体地下水丰富，坡面上常年潮湿或有水涌出时，应增设边坡渗沟、盲沟或深层排水孔，将坡体内积水引排、疏干。

5.3.2 截排水设施养护

(1)截排水设施常见病害有淤堵、渗漏、断裂、冲刷、冲毁、移位等。

(2)截排水设施出现淤堵时，应及时疏排。

(3)沟底的局部渗漏可用水泥砂浆填补孔洞，沟底的大面积渗漏宜重新铺筑封闭。

(4)基础脱空或下沉造成的截排水设施断裂、冲刷及冲毁，可拆除截排水设施，夯实加固沟底基础，然后重新施作；稳固地基上截排水设施产生的断裂、冲刷及冲毁，可采用加大过水断面或提高水沟材料强度的方法修复。

(5)截排水设施出现移位时，应分析坡体滑移的可能性，并加强对坡体的调查与监测。

5.3.3 素喷、锚喷养护

(1)素喷与锚喷常见病害有表面风化剥落、露筋、空鼓脱落、变形开裂、沉降错台、泄水孔堵塞、渗水、涌水等。

(2)面积小于3 m^2 的坡面风化剥落，宜采用水泥砂浆修补；面积大于3 m^2 的坡面风化剥落，宜进行坡面清理、平整，铺设铁丝网或钢筋网，再作喷混凝土处理。

(3)锚喷坡面出现露筋的，应采用混凝土或砂浆对露筋部位进行封闭。破损区域较大时，可重新锚喷坡面或增设主动防护网。

(4)坡面鼓胀脱空的，应先清除空鼓脱离区域，并对其周边坡面凿毛，分层重新喷混凝土；必要时可增设钢筋网加强。

(5)坡面出现变形开裂的，当裂缝宽度较小时，可暂不进行处理；裂缝宽度较大时，应先进行裂缝观测，可采用骑马桩、贴片等进行日常观测；当裂缝宽度不再增大时，可采用灌填修补。

(6)坡面出现沉降错台的，应先进行位移观测，变形不再发展时，可采用灌填修补；变形继续发展时，应组织进行稳定性判断，并采取相应的工程措施。

(7)泄水孔堵塞较严重时，可采用机械(风枪)疏通，必要时可重新施打。坡面渗水较严重，出现大量水迹或水流时，可增设仰斜式水平排水孔。

(8)坡面出现涌水时，应先进行排水处理，再对涌水区域进行修复。

5.3.4　柔性防护网养护

(1)柔性防护网常见病害有网下架空、缝合绳脱落、网材锈蚀、锚杆松动、基座变形、网材破损撕裂、积碴外鼓等。

(2)当主动柔性防护网出现网下架空时，应根据地形条件增设或加密钢绳锚杆，并通过缝合绳将锚杆与钢绳网连接。

(3)缝合绳脱落时，应按柔性防护网与钢绳网的缝合、连接要求予以修复，必要时应缩小缝合绳缝合间隔或增大缝合绳直径。

(4)网材锈蚀严重的，应更换防护网，必要时完善边坡排水。柔性防护网重新铺设前应清除破碎、松动的石块。铺设范围应超出更换区域 2~5 m。新老柔性防护网的搭接宽度不宜小于 0.3 m，必要时可增设锚杆，对柔性防护网加强固定。

(5)锚杆出现松动的，宜重新打设，并可根据实际情况调整锚杆长度、直径等参数。

(6)被动柔性防护网基座出现变形的，可根据实际情况予以加固或重新埋设。

(7)网材出现破损或撕裂的，应予以修复或更换，必要时可增设框架防护。

(8)柔性防护网内落石兜积或积碴外鼓的，应及时清除网内落石、碎碴，必要时可增设锚杆加固。

5.3.5　挡土墙、护面墙养护

(1)挡土墙、护面墙常见病害有勾缝脱落、松动掉块、墙身裂缝、泄水孔堵塞、渗流涌水等。

(2)浆砌墙面勾缝脱落、松动掉块时，应采取以下处理措施。

1)若墙面片块石无松动迹象，小范围的勾缝脱落可暂不处理，仅进行日常巡查观测，大范围的勾缝脱落应进行表面勾缝修补。

2)墙面片块石出现松动时，应清除表面松动部分，再作嵌补处理；嵌补厚度超过 0.5 m 或高度超过 2 m 的墙面，应开挖成台阶状。

(3)对墙身裂缝应封闭处理，处理时应清缝。封闭可采用水泥砂浆、环氧树脂等材料。

(4)泄水孔堵塞、渗流涌水或墙后积水时，应采取以下处理措施对原有排水系统进行疏通或完善。

1)泄水孔堵塞较严重时，应采用机械或高压水枪疏通。

2)墙面渗水较严重时，应沿墙面出水位置隔一定距离(5~10 m)增设泄水孔。

3)墙后积水时，可先回填、整平墙后土体，再增设排水沟。

5.3.6 锚杆(索)框格养护

(1)锚杆(索)框格常见病害有锚头渗水或锈蚀、锚头或框格开裂、框格脱空、框格积水等。

(2)对锚头有渗水、锚垫锚具锈蚀的,应及时排水,并封堵水源,然后进行除锈、防腐处理。

(3)当外锚头或框格出现变形开裂时,应对裂缝进行填补;可用环氧树脂黏合,也可用混凝土黏结剂涂抹缝壁,再用混凝土或水泥砂浆填塞。

(4)对框格脱空的,应及时采用浆砌片石或混凝土回填嵌补框格基底。

(5)坡体地下水丰富引起的框格内积水的可增设排水孔;框格内的亏坡、凹坑可采用浆砌片石或混凝土等嵌补。

5.3.7 坡面植被养护

(1)坡面植被常见病害有植被枯萎、网材锈蚀、冲刷露网等。

(2)植被枯萎时应及时补种。补种时应选择干旱、贫瘠条件下易存活的植物种子,施工应满足《公路边坡植被防护工程施工技术规范》(DB33/T 916—2014)要求。

(3)网材锈蚀时,应对挂网网材进行防腐处理或更换。

(4)边坡表面出现冲刷露网时,应补充覆土;覆土宜选用肥沃的黏性土。

5.3.8 附属设施养护

(1)附属设施的主要病害有检修踏步缺损、检修道栏杆锈蚀或松动、隔离栅破损等。

(2)检修踏步缺损应及时采用混凝土修复。

(3)检修道栏杆锈蚀应及时除锈并进行防腐处理;栏杆出现松动可根据实际情况予以加固或重新埋设。

(4)隔离栅出现破损应及时修复。

5.4 不同季节边坡养护重点

根据不同季节气候特点制定相应的巡检、防治措施,有利于边坡养护工作科学、有效开展。包括各个季节的日常养护重点及特殊时期(雨季)养护重点。

5.4.1 日常养护重点

(1)春季养护重点。

春季完成雨季前隐患全面排查。开展截排水沟等结构物维修;对平台、排水沟等结构物裂缝进行封闭，检查清理涵洞、路基边沟堵塞物；对前期破坏的生态边坡进行补植；清理结构物坡面杂草、树木，对结构物坡面、巡检道喷洒除草剂除草。

(2)夏季养护重点。

夏季重点防控边坡水毁，经常性检查并疏通截排水设施，确保排水正常。增加边坡巡检频率，加强巡检查力度，有针对性地对存在隐患的边坡进行全面巡检；做好检查记录，对病害问题进行分类汇总。核查“三防”工作准备情况，确保应急抢险随时出击。抓紧隐患边坡专项处治避免水毁。

(3)秋季养护重点。

秋季全面核查前期边坡水毁情况，维修破损结构物。清理坡面、截排水设施，同时检查坡体、平台有无裂缝、错台及变形病害，及时清理悬孤石。清理结构物坡面杂草、树木，对结构物坡面、巡检道喷洒除草剂除草。

(4)冬季养护重点。

冬季草木基本枯萎，有利于全面排查边坡隐患，重点排查坡面是否存在开裂变形、松动掉块；加大坡顶调查范围，检查是否存在悬孤石或其他不良情况；上方自然冲沟作远距离调查，重点关注冲沟是否存在堵塞、冲沟两侧是否存在坍塌等隐患。调查截排水沟破损情况，以备春季全面完善。全面清理结构物坡面杂草、树木，清理悬孤石、堆积物、边缘树等。

5.4.2　雨季养护重点

降雨是诱发边坡风险事件的主要原因之一，由于边坡水毁具有突发性，一旦发生，就存在引发严重后果的风险。雨季边坡安全风险防控是管理工作的重点。

(1)雨季边坡养护及巡检重点。

1)雨季前措施：全面开展雨季前的隐患排查工作，重点检查汇水面积集中的地段是否存在前期冲刷、坍塌、松动石块等情况。排查孤石、危石、堆积物是否已经清理，边坡排水设施是否畅通。坡顶、坡面是否出现新病害，或原病害是否存在发展趋势。结合隐患排查，开展雨季边坡养护。应于汛期来临前全面清理、疏通截排水沟、泄水孔、排水管等排水设施，维修恢复破损设施，确保边坡排水通畅。坡面渗水较严重，出现大量水迹或水流时，可事前考虑增设仰斜式排水孔。临近雨季，排水不畅路段应考虑临时排水措施。对于易坍塌、滑坡的裸露坡面采取防护措施，可采用彩条塑料布铺设。变形存在发展趋势路段应及时上报情况，并采用反压、完善排水、临时防护、重点监测等措施。

2)雨中巡检：为确保自身安全，雨天巡检以行车巡检为主，重点检查坡脚是否存在坍塌物、截排水是否存在浑浊现象，截排水设施、路基边沟、涵洞排水是否正常；顺向检查和对向观察相结合，对向观察坡面上方山体是否有冲刷或坍塌、上方树木是否存在“醉汉林”现象。对于所筛选的重点边坡、存在坍塌和冲刷的边坡、排水浑浊的边坡等，要求在确保自身安全的前提下登山查看隐患情况。发现局部冲刷的，应采取临时措施进行处理，问题严重的须启动应急预案并上报情况。

3）雨后巡检：雨后巡检应全面登山排查水损情况，并重点详查“雨季重点防控边坡”。巡检过程中重点关注边坡变形、开裂、冲刷等。全面检查、清理疏通截排水沟、平台排水沟、路基边沟、集水井、涵洞等，确保排水通畅。

（2）雨季重点防控边坡。

通过日常的隐患排查，筛选重点，有利于雨季针对性地开展预防和预警措施。雨季边坡水毁主要形式有：汇水冲刷、浅层溜塌、滑坡、软弱层滑动引起的崩塌、泥石流等。针对常见水毁形式，重点防范路段如下：

1）前期存在滑坡、崩塌、变形、冲刷等重大病害的边坡。

2）排水设施欠完善路段边坡。

3）上方山体汇水面积较大、排水设施出水量较大的边坡。

4）残坡积层较厚的边坡或土质边坡。

5）古滑坡体或坡面存在马刀树的山体。

6）地质复杂路段或回填量较大的边坡。

7）岩体存在不利结构面的边坡，特别是存在软弱夹层且富含地下水的不利结构面。

8）由高速公路涵洞排水，排水量较大的线外谷地山涧。

9）临水高挡墙、高路堤。

10）半填半挖（原地基横断面为斜坡）路基。

11）地下水丰富，长期渗漏严重的边坡。

12）临近线外工程可能改变上方汇水或影响边坡稳定的情况。

第 6 章　边坡病害防控技术

公路边坡长期暴露在自然环境下，受温度、湿度变化、雨雪、渗水、冻融等自然营力的侵害和剥蚀，其稳定性及安全风险呈动态变化。边坡病害发生后，其稳定状态被破坏，安全风险大大增加，故须及时采取相应的防控措施，避免或减缓边坡岩土体和支护结构进一步变形破坏，确保边坡稳定，保证道路畅通。边坡应急抢险、边坡监测及后续的专项整治是边坡病害防控的主要内容。防控工程措施的选取尤其重要，直接关系到处治效果及公路安全。

一般而言，已运营的高速公路边坡防控工程措施的选择需考虑以下几点。

(1)防治对象为已运营高速公路边坡工程，其安全等级高，防控工程措施的选择须综合考虑治理效果、治理费用、治理时间的紧迫性，以及实施过程对公路交通安全的影响；

(2)高速公路边坡处治属于既有边坡工程加固处治项目，故应考虑新增加固处治措施与既有防护措施的良好结合；须充分考虑施工机械、材料搬运、流水班组作业，确保施工的可行性、便利性和安全性。

高等级公路的设计技术指标必须保证车辆在公路上安全高速行驶，对公路边坡要求不能出现整体和局部失稳现象。另外，还须考虑环境因素。这就要求边坡防控工程措施可靠、合理、经济、美观和便于施工。

6.1　边坡防控工程措施

高速公路边坡病害防治的实质是改变边坡原有的力学状态，通过调节改变坡体下滑力与抗滑力之间的大小来实现坡体的力学新平衡，进而达到稳定状态。根据对浙江高速公路边坡防治措施的总结，主要的防控工程措施有：刷方减重、回填反压、浅表防护、锚固工程、支挡工程、落石拦挡、注浆加固、生态防护、排水工程等。

高速公路边坡病害防控工程措施的选择，应紧紧抓住公路边坡的地质环境条件特点，并结合环境保护，进行灵活选取。表 6-1 列出了边坡常见病害的主要工程对策。

表 6-1　边坡常见病害类型的主要工程对策

常见病害类型		主要工程对策
坡面病害	风化剥落	浅表防护、排水工程
	掉块落石	浅表防护、落石拦挡、排水工程
	坡面冲刷	浅表防护、支挡工程、排水工程
	浅表溜塌	刷方减重、浅表防护、锚固工程、排水工程
坡体病害	崩塌	刷方减重、回填反压、锚固工程、支挡工程、排水工程
	滑坡	刷方减重、回填反压、锚固工程、支挡工程、注浆加固、排水工程
	错落	刷方减重、浅表防护、锚固工程、支挡工程、落石拦挡、排水工程
	倾倒	刷方减重、浅表防护、锚固工程、支挡工程、落石拦挡、排水工程

6.1.1　刷方减重

减重的概念主要针对滑坡处治提出，通过刷方减轻滑体致滑段的重量，从而减小滑体的下滑力，使滑坡趋于稳定，如图 6-1 所示。

刷方减重设计一般包括后缘减重、表层滑体及潜在滑体的清除、削坡降低高度(坡度)以及设置马道等。刷方后每级坡高一般可控制 8～12 m，高度较高时应分级设置。施工时应自上而下进行，刷方减重后的坡面通常结合相应的加固防护措施以及时进行处理。

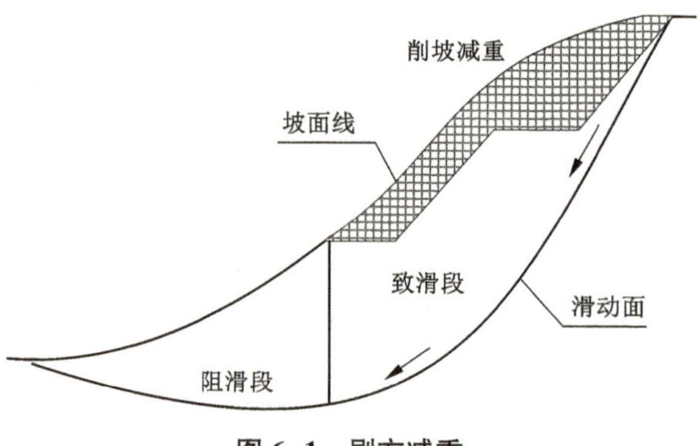

图 6-1　刷方减重

刷方减重可以作为一种应急处治措施，快速有效减小边坡下滑力，从而在短时间内提高边坡稳定性，同时减少后期永久性治理工程的规模、费用，是一种行之有效的方法。

由于减重是在滑坡后缘挖除一定数量的滑体而使滑坡稳定下来，因而它适用于推移式滑坡或由塌落形成的滑坡；同时滑床上陡下缓，滑坡后缘及两侧的地层稳定，不致因刷方引起滑坡向后或向两侧发展。牵引式或滑带土具有卸载膨胀性质的滑坡，不宜采用滑坡减重的方法。

一般情况下，滑坡减重只能减小滑体的下滑力，常与其他加固措施配合使用。上部刷方减重的土石方，还可以作为堆载反压的材料。刷方减重对于具备刷方条件的滑坡应用广泛、切实有效，见图 6-2。

(a) 某高速K99边坡滑坡刷方减载　　(b) 某高速K62边坡崩塌刷方减重

图 6-2　刷方减重典型照片

6.1.2　回填反压

回填反压是一种通过在坡脚堆填土石等材料，以增加坡体抗滑能力，提高边坡整体稳定性的工程治理技术，如图 6-3 所示。

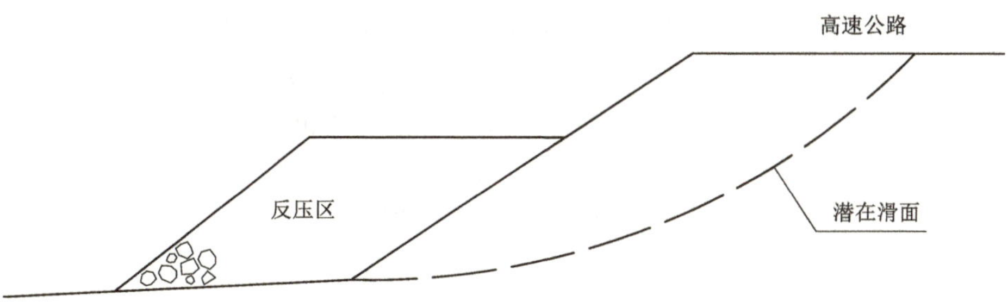

图 6-3　回填反压

回填材料宜优先选用透水性较好的碎石、卵石和砂性土，不宜将淤泥、淤泥质土、有机质高液限黏性土、软土、冻土、膨胀土等作为回填压脚材料。回填土应分层铺筑、分层压实，压实度不应小于90%。

回填应尽量采用同类土石进行回填，采用性质不同的土石材料回填时应按水平分段、分层铺填；透水性较小的填料置于透水性较大的填料之上，并分层压实；同一水平层应采用同一填料，不得混合填筑。

回填反压适用于坡脚有反压实施空间的边坡，应用该方法需要较多的土石方，故宜就地取材，同时可考虑利用削方减载的土石方进行坡脚回填。回填反压常常结合坡脚挡墙进行实施，后期墙后可种植植物达到美化环境、减少水土流失的效果，如图6-4所示。同刷方减重一样，回填反压不仅可作为永久性治理措施的一部分，还是一种见效快的应急治理措施，可在短时间内快速增加边坡抗滑力，提高边坡稳定性。

图6-4　回填反压典型照片

6.1.3　浅表防护

对于已发生病害的公路边坡，浅表防护主要用于经研判后整体稳定性良好，且病害发生后，边坡状态趋于稳定的情况下采用。其主要作用是防止边坡发生病害的裸露坡面岩土体继续浅层崩塌、掉块、剥落，防止坡面受雨水冲刷，以及防止在自然营力作用下进一步风化等；提高边坡病害区域的稳定性和耐久性，防止地表水渗入，对边坡稳定带来不利影响。边坡治理工程中，浅表防护应用较多的主要有喷射混凝土防护、主动网防护、护面墙防护等。

6.1.3.1　喷射混凝土防护

喷射混凝土防护包括素喷和锚喷。由于素喷防护与坡体间缺乏良好的锚固连接，因而不适用于大面积及边坡岩土体松散层较厚的情况。已发生崩塌、坍塌等病害的边坡坡面往往出现大面积破损，且岩土情况较差，多采用锚喷进行防护，较少采用素喷形式。

适用于浅表防护的锚喷工程(图 6-5)，其锚杆一般采用全长黏结型锚杆，钢筋网可采用直径 6.5 mm 的 HPB300 钢筋。锚杆长度及钢筋网间距根据边坡岩土体性质及风化程度调整，一般锚杆长度为 3~6 m，钢筋网间距为 10~25 cm，锚杆孔深应比锚杆长度深 20 cm。单层挂网喷射混凝土厚度不宜小于 100 mm。混凝土面层中应设置泄水孔，泄水孔采用 ϕ75PVC 管，斜度 5%，外露长度为 10~15 cm，方形布置，间距 2 m×2 m。泄水孔末端应抵住原坡面岩土体。

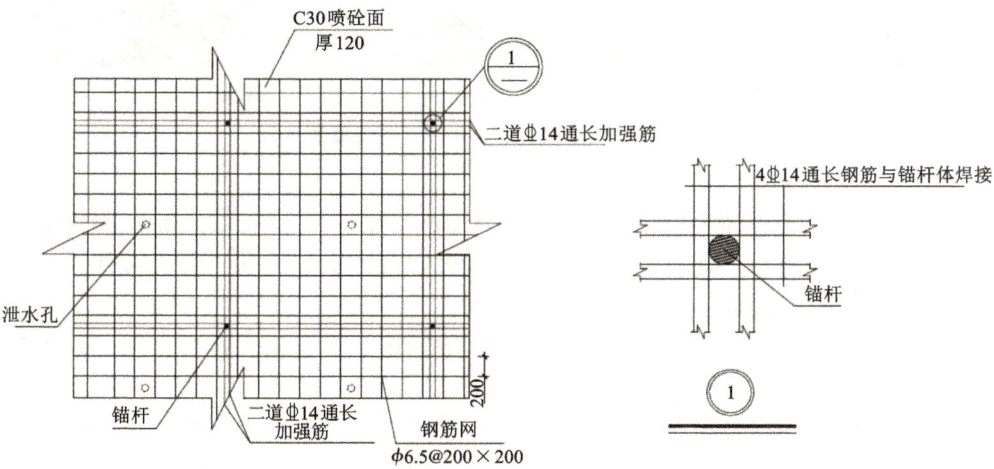

图 6-5　典型的锚喷结构

喷射混凝土施工要点如下。

(1)钢筋网施工。

1)钢筋直径宜为 6~12 mm，钢筋间距宜为 100~250 mm；宜采用双层配筋，钢筋保护层厚度不应小于 25 mm。

2)钢筋须调直除锈，按规定长度下料、安装。

3)喷射第一层混凝土后，铺设钢筋网并绑扎；钢筋网应与锚杆采取可靠的连接，保证第二次喷混凝土时钢筋不晃动。

(2)喷射混凝土施工。

1)作业前全面检查喷射设备，检查风、水管路及电缆等是否运转正常。

2)喷射混凝土之前，用清水冲洗干净坡面和湿润坡面，确保喷射混凝土与坡面能够形成良好的黏结力。

3)埋设控制喷射混凝土厚度的标志，避免钢筋裸露和混凝土厚度不足。

(a) 锚喷前坡面　　(b) 锚喷后坡面

图 6-6　某高速公路隧道口边坡锚喷照片

4) 喷射机工作风压应控制在 0.2~0.4 MPa。对于素喷混凝土和挂网喷射混凝土，有不同的要求；有钢筋网时垂直坡面喷射会加大回弹量，喷嘴应保持一定的喷射角度，确保混凝土密实充填及降低回弹。

5) 按分区分段、自上而下的顺序喷射，按地形条件、风向选择合适的喷射移动方向。

6) 按要求配置水灰比，喷射混凝土表面应平顺，无干斑或滑移流淌现象。

7) 对喷射机进行科学合理的清洁和保养，确保机具设备完好。

(3) 素喷、锚喷的施工重点关注以下内容。

1) 网片规格、尺寸应符合要求，且边长误差应在允许范围内，一般不超过 10 mm。

2) 网与锚杆或土钉的连接应可靠牢固。

3) 喷射砂浆或混凝土的强度、厚度应符合要求。

6.1.3.2　主动网防护

主动网为装配式构件，施工便捷、快速。可以通过锚固件施加主动力，以限制坡面块石崩落；还可以结合锚杆等措施对局部潜在不稳定区域进行浅表防护，故在高速公路边坡防控中应用广泛(图 6-7)。结合浙江高速公路的特点来看，公路边坡防控中，主动防护主要用于以下情况。

(1) 用于自然坡面岩体破碎、块石堆积的崩塌、落石掉块等主动防护。

(2) 用于砌石护面墙(挡墙)块石松动、勾缝脱落及喷砼面破损引起的掉块等二次病害的防治。

(a) 早期GPS型主动网　(b) GQS型主动网　(c) GSS2A型主动网　(d) 覆盖型帘式柔性防护系统

图 6-7　边坡防控中各种类型的主动网

主动网的典型结构形式如图 6-8 所示。

主动网施工要点如下。

主动防护网的施工流程为：清坡与坡面平整—施工放线—锚杆施工—安装柔性网。

(1) 清坡与坡面平整。

无论工程设计是否考虑了清坡作业，都应首先对边坡坡面及后缘进行详细检查。对于可能威胁施工安全的坡面浮土浮石、危岩体，须根据情况进行清除或原位加固，以确保施工安全，且这项工作必须贯穿整个施工过程。无论工程设计是否提出了坡面整理要求，对于以防止浅表层滑动破坏为目的的防护工程，顺直的坡面能使防护效果得到更好的发挥；对于欠稳定的较大局部凹坑、凸起等，应进行适当的回填和平整，尤其是施工已发生滑动破坏的残留坡面时，必须对破坏区周边的陡坎区域进行顺直处理；对于阻碍主动系统安装的坡面灌乔木，在得到许可的前提下应尽可能砍除至其根部，对必须保护的乔木则须采取特殊处理措施。

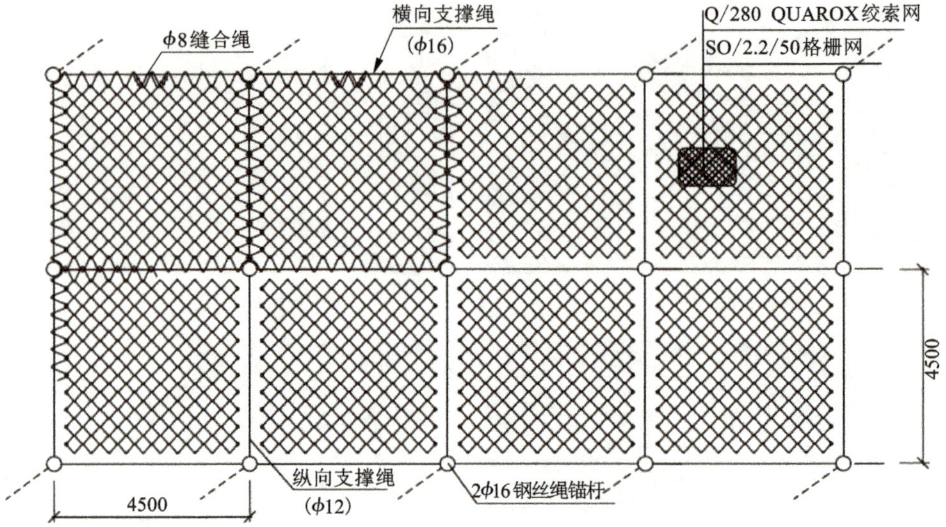

(a) 主动网正视图

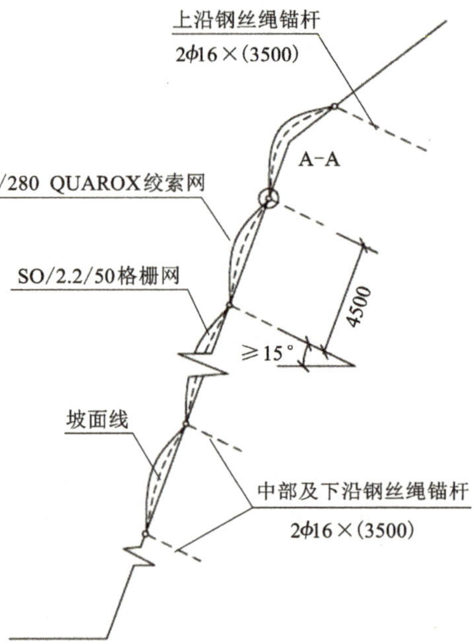

(b) 主动网布置典型剖面

图 6-8　典型主动网结构(以 GQS 主动网为例)(单位：mm)

(2)施工放线。

当坡面条件可能影响防护网的防护功能或施工安装时，应按设计要求的位置、间距与容许误差范围，按有利于防护网功能发挥、便于施工、满足设计要求的优先顺序，放线确定锚杆的位置。

(3)锚杆施工。

钻孔应在已确定的锚杆孔位置处按设计要求的孔径、长度和方位施工。

矩阵式锚固网工程中需要开凿锚杆孔口凹坑的，宜在钻孔的同时按设计尺寸开凿。有孔口凹坑的钢丝绳锚杆，必须避免其锚头被埋入灌浆体内。与支撑绳、拉锚绳等构件连接的钢丝绳锚杆外露连接环套的方位，宜避免因拉力作用导致环套两侧钢丝绳段呈上下叠置关系而发生弯曲。

(4)安装柔性网。

柔性网包含格栅网或高强度钢丝网时，应将格栅网或高强度钢丝网安装在直接面向危岩落石荷载作用一侧。

对于各柔性网片间及其与支撑绳间的缝合连接，应确保每一个边缘网孔都被连接；矩阵式锚固网中，柔性网片应基本位于相邻四根锚杆所限定的防护单元中部，连接网片与支撑绳的缝合绳不应与锚杆直接连接，应手动张紧缝合绳；包含格栅网时，各网片间的搭接宽度不应小于一个网孔尺寸，各格栅网片间及其与承载网间的扎结点间距不应大于 1 m。

对于存在较大悬空(面积大于 5 m^2)的柔性网，宜采用带弯钩的锚杆进行处理。

1)矩阵式锚固网的上部结构宜按以下顺序安装。

①包含格栅网时，宜首先铺挂格栅网片并进行各网片边缘间的扎结。

②支撑绳安装，一般宜先安装横向支撑绳。如先安装纵向支撑绳，再安装横向支撑绳时，宜使交叉点处的横向支撑绳从纵向支撑绳下穿过。

③柔性网片铺挂及其与支撑绳间的缝合连接。

④包含格栅网时，柔性网与格栅网间的扎结。

2)梅花形锚固网可按其中一种顺序安装。

顺序一：

①放线确定锚杆孔位、锚杆施工；

②包含格栅网时，宜先铺挂格栅网片并进行各网片边缘间的扎结；

③柔性网片铺挂及各网片间的连接；

④边界支撑绳安装；

⑤锚垫板安装，包含格栅网时柔性网与格栅网间的扎结。

顺序二：

①放线确定顶排锚杆孔位、顶排锚杆施工；

②依次进行上边缘排柔性网片铺挂及各网片间的连接，以及上边界支撑绳安

装、顶排锚垫板安装，包含格栅网时，宜先铺挂上边缘排格栅网片并进行各网片边缘间的扎结；

③依次进行其他格栅网(包含时)、柔性网的安装；

④结合已安装柔性网与坡面间的贴近状态和设计要求，确定其他锚杆孔位并完成锚杆施工；

⑤其他锚垫板和边界支撑绳安装，包含格栅网时，宜同时进行柔性网与格栅网间的扎结。

3)柔性网与上缘支撑绳间采用缝合连接方式，且能借助自重附着于坡面的引导防护网，宜按以下顺序安装。

①上缘支撑绳安装；

②包含格栅网时，铺挂格栅网片并进行网片间及格栅网与上缘支撑绳间的扎结；

③柔性网安装，包括上边缘排网片与上缘支撑绳间及各网片间的缝合连接，包含格栅网时，宜同时完成柔性网与格栅网间的扎结。

4)柔性网与上缘支撑绳间采用穿挂方式连接的引导防护网，上边缘排柔性网应与上缘支撑绳同时安装。如包含格栅网，宜同时安装上缘排格栅网，且宜预先将格栅网与柔性网扎结后再与上缘支撑绳穿挂连接安装；包含格栅网且不能稳定附着于坡面的引导防护网，宜预先将格栅网与柔性网扎结后一起安装。

柔性网施工重点关注以下几点。

①柔性网质量应无老化、无破损、无污染、无锈蚀，且符合设计要求。

②柔性网的接缝搭接宽度应符合设计要求。

③柔性网兜底应与坡面牢固紧贴，无松动。

④柔性网与锚杆的连接应符合设计要求。

6.1.3.3 护面墙防护

在边坡治理工程中，护面墙多用于崩塌、坍塌后的坡面病害的防治，以及风化严重的软质岩层和较破碎的岩质地段的防护(图 6-9)。护面墙可防止坡面冲刷，继续风化、剥落、掉块，能有效阻止雨水渗入坡体，以及坡面潜在的进一步崩塌、坍塌。

护面墙除自重外，不承受墙后土压力。因此，护面墙所防护的边坡坡度应符合边坡稳定的要求。护面墙断面形状多为梯形，能适应的边坡坡度和防护高度较石砌护坡大。护面墙的典型构造如图 6-10 所示。

护面墙施工要点

护面墙施工工序为：边坡修整—测量放样—基础开挖、验槽—材料准备及砂浆拌和—墙体砌筑(设置泄水孔)—勾缝—养护。

(1)边坡修整：清除坡面松散的岩石及危岩体，削平欠挖区域，以防影响护面墙的有效厚度。

图 6-9　公路边坡护面墙治理照片

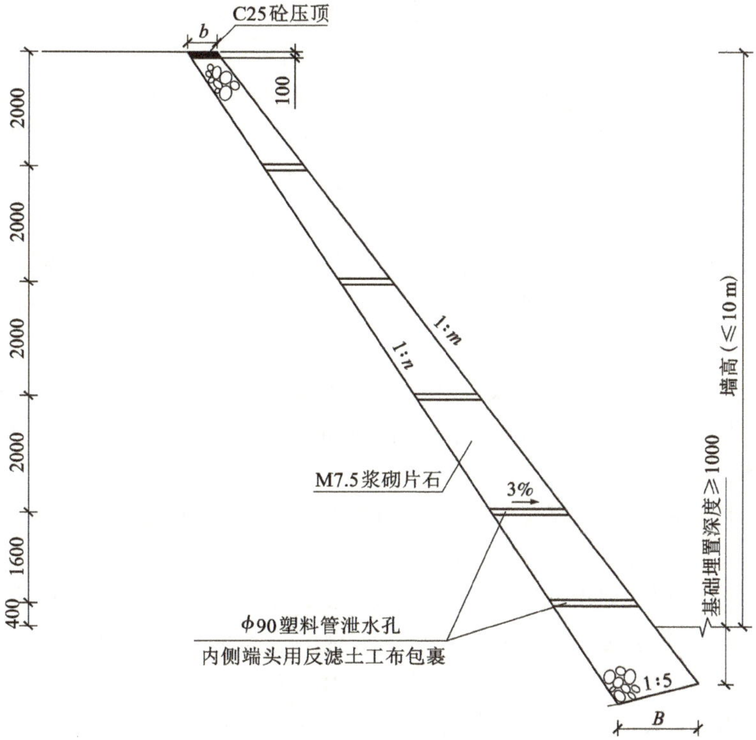

图 6-10　护面墙典型结构(单位：mm)

(2)测量放样：现场测量放样，确定护面墙及其基础位置，用木质框架在顶部和墙体两端定出墙体断面尺寸，挂通线砌筑。

(3)基础开挖、验槽：根据基础尺寸、基底标高，人工配合机械开挖。待基础开挖完成后，对基础尺寸、基底承载力进行检验，验收合格后继续下道工序。

(4)材料准备及砂浆拌和：现场准备片石(片石应质地坚硬、表面平整、不易风化、无裂纹、水锈和污渍的硬质岩)、砂、水泥和水等材料，砂浆搅拌机及配备相应台秤等设备。砂浆按要求的配合比配置，应随拌随用。

(5)墙体砌筑：先用松木板钉好坡度架，立于墙体两端，并拉通线按分段、分层原则进行砌筑顺序。护面墙沉降缝间距一般为10 m，上下垂直贯通，沉降缝内塞2 cm厚木板，保证准确牢靠；按角石、面石、腹石顺序分层砌筑；以2~3层石块为一工作层进行分层砌筑，水平缝大致平齐，竖缝应错开，相互错开不小于8 cm，严禁贯通。护面墙角石和面石选择形状方正、尺寸相对较大的片石，长短相间，与里层砌块立交接成一体，上下层交错排列，避免竖缝重合。采用坐浆砌筑，立缝填浆捣实，禁止贯通。砌筑中断时，用砂浆填塞石层空隙；再砌筑时清扫干净、洒水湿润石层表面。泄水孔间距2~3 m，渗水严重处适当加密。泄水孔后设反滤层，其下填实黏土隔渗层，沿纵向连通。

(6)勾缝：按要求勾成凹缝。护面墙外露面预留10~20 mm深的勾缝槽。用水冲洗湿润缝槽，然后在缝内抹适量水泥净浆。勾缝采用M5-M10水泥砂浆，并应嵌入砌缝内约2 cm。灰缝应保持整齐一致、拐角圆滑、不出毛刺，不得空鼓、脱落。

(7)养护：护面墙施工完后及时养护，常温下养护期不小于7 d。

6.1.3.4 生态防护(修复)

近年来，随着人们对生态环境的日益关注，生态防护越来越受到重视。生态防护作为一种辅助措施常用于高速公路边坡治理工程。公路边坡生态防护的功能主要有以下两点。

①浅表防护功能：对于边坡表层土体，植被的深根有浅表锚固作用，浅根有加筋作用。植被能提高浅表土体强度，截留降雨，削弱溅蚀，减少坡面冲刷及水流渗入坡体，避免水土流失。

②改善环境功能：公路建设破坏了自然生态环境，通过生态修复，起到减少光污染、改善视觉效果、促进有机污染物的降解、净化空气、调节小气候的作用。

生态防护(修复)适用于需要进行边坡绿化美化、对环境要求较高的公路边坡，是一种锦上添花的工程措施。目前，常规的生态防护手段能够适应坡度小于1∶0.5的边坡；对于陡于1∶0.5的边坡，出于对后期绿化效果及绿化措施耐久性的考虑，需要配合采用特殊的措施或采用新工艺、新方法。

(1)常规边坡的生态防护。

公路边坡生态防护常用的做法是喷播绿化，是一种通过喷射机将植物生长基质材料与植物种子等混合物，按一定的厚度(一般8~12 cm)喷射到边坡坡面，使得植物种子可以生根、发芽、生长，最终达到生态恢复、改善景观效果的综合性植被恢复技术。根据喷播设备和喷播工艺的不同，可分为液力喷播(图6-11)、厚层基材喷播(图6-12)等多种喷播工艺。

图 6-11　液力喷播施工

图 6-12　厚层基材喷播施工

喷播绿化技术的植物生长基质一般由种植土、腐殖质、保水剂、长效肥等材料按一定比例拌和而成。边坡要求具有一定的孔隙率及自身结构稳定性，既能满足植物生长要求，又要保证自身稳定及抗冲刷性能。

喷播绿化生态防护技术适用于坡率 1∶0.5~1∶1.5 的岩质边坡，一般结合包塑镀锌铁丝网实施。其典型的结构如图 6-13 所示。

当坡率进一步加大时，可在坡面采取抗滑营养棒、下垫方木条、设置挡土翼等辅助措施（图 6-14）。这样可达到固土效果，进一步提高坡面客土抵抗水流冲刷的能力，营造坡面植被生长的良好土壤环境。

生态防护技术一般与前面章节中柔性网防护工程技术（主动网防护）、锚杆框架梁等相结合使用。在柔性网防护上或框架梁内对边坡增设生态防护措施，既能增强高速公路的安全防护性能，也能构建美好的路域环境。

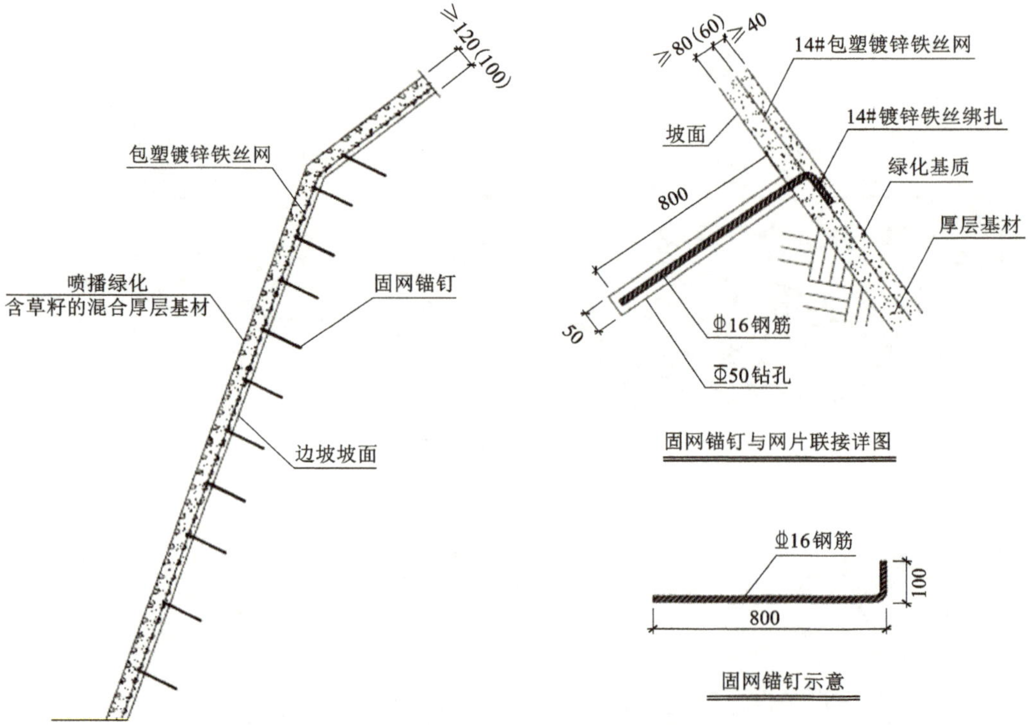

图 6-13　喷播绿化生态防护典型结构(单位：mm)

(a)抗滑营养棒　　(b)方木条

图 6-14　喷播绿化辅助措施

以厚层基材喷播为例，介绍喷播绿化施工要点。

1)材料要求。

种子：种子的选择应根据当地的气候、播种季节的降雨量、植物的生长特点等因素综合考虑。

种植土：选用黏性红壤（黄壤），土粒径≤2 cm，含水率≤30%。选用时，石头、碎石、杂草、杂根应剔除，以免堵管。雨季施工时，种植土进场后宜用彩条布或塑料布盖上，四周开设排水沟，以便于种植土流失。

草筋：为农作物水稻的秆和叶经过机械粉碎且过 1.5 cm 筛分后的纤维状物质。稻草纤维加入基材后，能显著提高基材自身的抗冲刷能力及透气性。

有机肥：有机肥专指各种动物废弃物（包括动物粪便、动物加工废弃物）和植物残体（饼肥类、作物秸秆、落叶、枯枝、草炭等）采用物理、化学、生物处理技术，经过一定加工工艺，消除其中有害物质达到无害化标准法规的一类肥料。

调和剂：调和剂主要有保水剂和黏合剂，保水剂主要成分是高吸水性树脂，是一种吸水性能特别强的高分子材料；黏合剂主要作用是提高木纤维对土壤的附着性能，使纤维之间相互黏结，提高喷播面层的抗风吹、抗冲刷性能。黏合剂和保水剂相互匹配而不削弱各自功能，对草木和环境无害。

无纺布：无纺布是在以水或空气作为悬浮介质的条件下，由包括化学纤维和植物纤维等在湿法或干法抄纸机上制成。虽为布但不经纺织，故称为无纺布。

良好的基材混合物，应具有保水、保肥、透气等特性。拌和混合物以“手抓成团，松开掉地能散开”为宜。

2）施工工艺及流程。

厚层基材喷播的施工工艺及流程见图 6-15 所示。

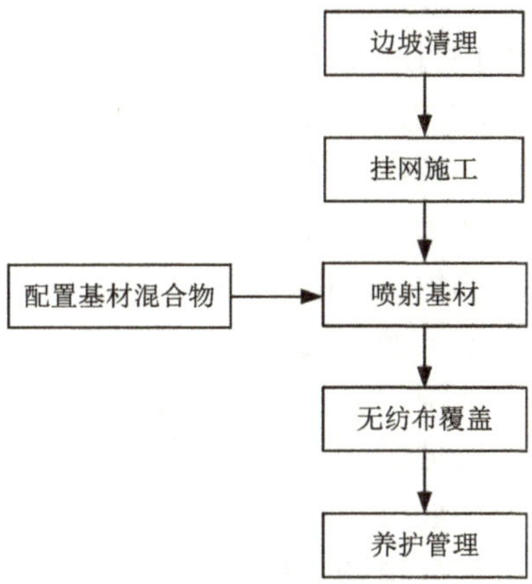

图 6-15　厚层基材喷播施工流程

①边坡清理。

清除作业面杂物及松动岩块，将直径超过 20 cm 的土块打碎，平整后坡面高差不超过 10 cm；使其有利于培养基和坡面的紧密结合。

②挂网施工。

厚层基材喷播一般采用镀锌铁丝网，网目边长不大于 5 cm。采用短锚钉固定镀锌铁丝网，若边坡岩性破碎、松散，可适当增加其长度。挂网施工时首先自上而下打入锚钉，然后放卷铁丝网进行挂网施工，相邻两卷镀锌铁丝网分别用铁丝绑扎连接固定，两网交接处要求有 20 cm 的重叠。

③配置基材混合物。

基材混合物由绿化基材、纤维、植壤土、有机质、土壤结构改良剂等材料按一定比例混合而成。宜根据项目实际特点进行标准试验后选定配合比。土壤基质应优先选用工程所在地原有的地表土进行粉碎过筛。

④喷射基材。

启动搅拌机将喷射混合材料搅拌均匀。首先启动空压机和水泵，然后启动搅拌机将混合料卸入喷射机的料斗，最后启动喷射机。打开阀门自上而下对坡面进行喷播作业。喷播时，应根据喷射机的压力和坡面的地质情况选择合理的喷射角度和喷射距离，保证客土能够牢固地黏在坡面上。

⑤无纺布覆盖。

喷播后当天应及时覆盖无纺布，从上到下平整覆盖，坡顶延伸 30 cm 固定；两幅相接叠加 10 cm，然后用竹筷或 ϕ8“U”形钉进行固定，固定间距不少于 100 cm。待草长到 5~6 cm 或 2~3 片叶时，揭去无纺布。

⑥养护管理

前期养护须注意以下几点。

喷射后表面抗冲刷能力较差，用水车养护时要注意控制好喷头与坡面的距离、出水量和移动速度。用高压喷雾器使养护水成雾状均匀地湿润坡面。

养护时间及次数。种子前期养护一般为 45 d，发芽期为 15 d，湿润深度控制在 2 cm 左右。幼苗期依据植物根系的发展逐渐加大到 5 cm 以上，以控制不在基材混合物内形成壤中流。前期养护时间为每天养护两次，早晚各一次。早晨养护时间应在 10 点以前完成，晚上养护应在 16 点以后开始。避免在强烈的阳光下进行喷水养护，以免造成生理性缺水和诱发病虫害。在高温干旱季节，种子幼芽及幼苗由于地面高温容易被灼伤，每天应增加 1~2 次养护，每次湿润 1~2 cm。中期以自然雨水养护为主，每月喷水两次，并追施肥，促苗转青。

⑦边坡绿化施工重点关注。

a. 边坡植物防护的种类及数量应符合设计要求。

b. 边坡植物防护范围应符合设计要求，并连续覆盖全坡面。

c. 边坡喷播方法、厚度、边坡坡率应符合设计要求。

d. 边坡植物防护覆盖率、成活率应符合设计要求。

(2)硬质刚性支护结构的生态修复。

如前所述，锚喷、护面墙、挡墙等硬质刚性支护工程在公路边坡防控中普遍存在。特别是在应急治理工程中，出于边坡稳定安全性、时间紧迫性等考虑，往往难以兼顾环境绿化问题。边坡在经历了工程措施的硬质支护后，其视觉效果往往较差。

对于该类既有硬质刚性支护结构的特殊边坡，其水泥固化层隔离了新喷基质层中植物生长的根系与基岩裂隙、水分的联系，阻止了根系向基岩裂隙的扎入及对水分和矿质养分的摄取，且边坡坡度往往较大，通常在 1 : 1 以上，土壤侵蚀、冲刷容易发生。此类边坡采用常规的生态方法存在一定局限性，无法达到良好的效果，目前鲜有针对性强的有效生态修复方法。

目前，浙江省工程勘察设计院集团有限公司研发了一套硬质刚性支护结构边坡的生境构建技术。该工艺在国内外先进技术综合对比分析的基础上，围绕以喷锚和护面墙为代表坡面的硬质刚性支护结构工程边坡，开展了一系列室内研究及现场试验研究，研发出一种适合于硬质刚性支护结构边坡的生境构建方法见图 6-16。研究成果的针对性和实用性强，社会、环境及经济效益显著，总体达到国内领先水平。

(a) 生态修复实施前坡面

(b) 生态修复实施中坡面

(c) 生态修复后坡面绿化效果

(d) 项目试验基地

图 6-16　一种新型硬质刚性支护结构边坡生境构建技术

6.1.4　锚固工程

锚固工程在边坡治理中应用广泛，通常采用锚杆将拉力传递至稳定岩层或土层，通过自有抗剪能力和传递岩体抗剪能力来抵抗岩土体剪切破坏和岩土软弱夹层位移。锚杆通常包括杆体(由钢绞线、钢筋等组成)、注浆体、锚具、套管及连接器。当采用钢绞线或高强钢丝束作杆体材料时，称为锚索(图 6-17)。锚杆根据锚固地层不同，分为土层锚杆、岩层锚杆；锚杆根据是否施加预应力，分为预应力锚杆、非预应力锚杆。

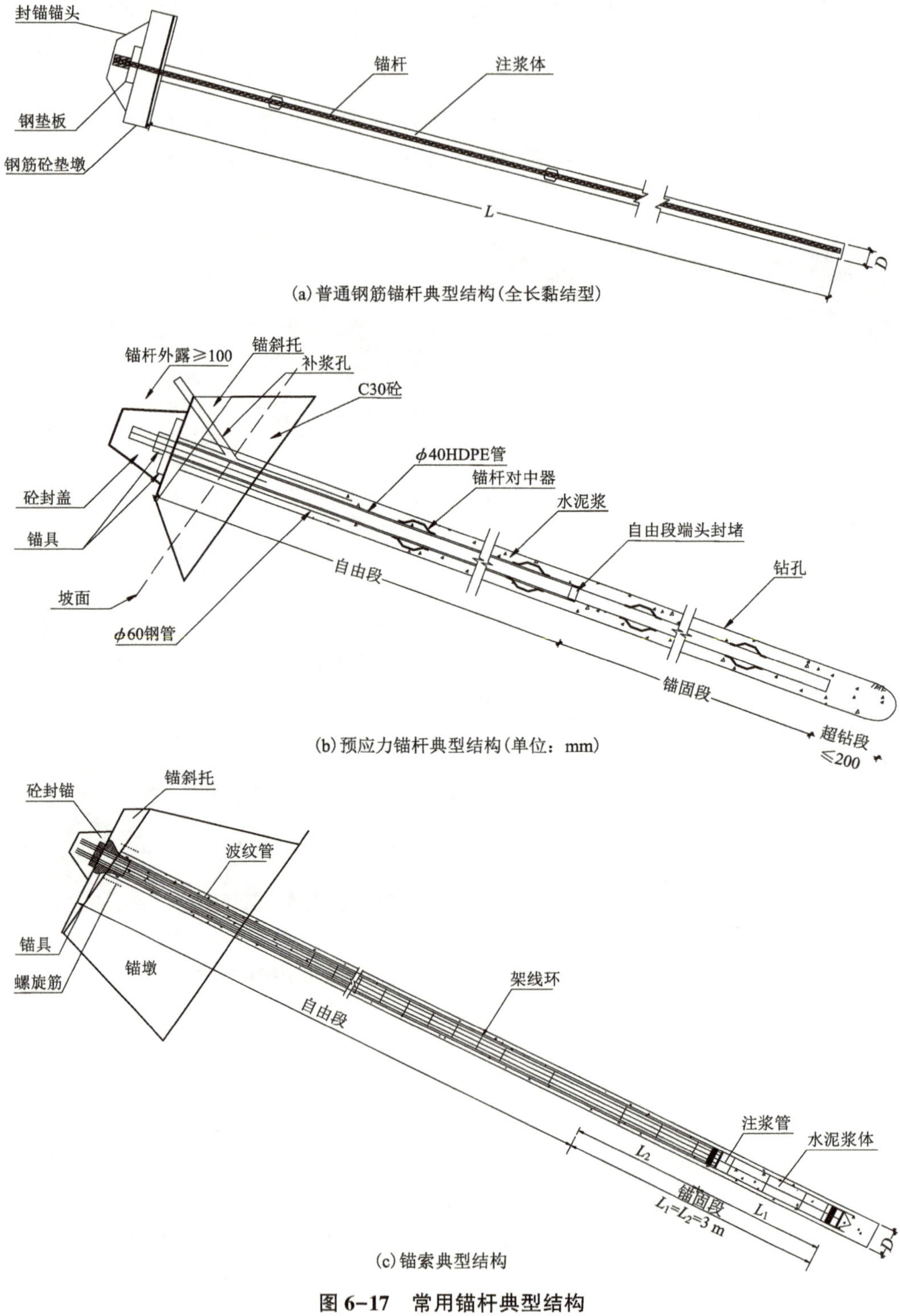

(a) 普通钢筋锚杆典型结构（全长黏结型）

(b) 预应力锚杆典型结构（单位：mm）

(c) 锚索典型结构

图 6-17　常用锚杆典型结构

锚杆常用的材料类型有普通螺纹钢筋、精轧螺纹钢筋、高强钢丝或钢绞线。如图 6-18 所示。

(a) 普通螺纹钢筋

(b) 精轧螺纹钢筋

(c) 钢绞线

图 6-18　锚杆常用的材料

各种类型锚杆的选取可见表 6-2。

锚固工程通常在坡面设置相应的传力机构，将锚固力扩散到整个坡面防护体中，使岩土体内应力重分布，形成岩土体、锚杆与坡前(面)传力机构共同受力，达到边坡稳定。公路边坡治理中，除了点锚式锚杆外，锚杆通常结合主动网、喷射混凝土、框架梁、钢筋混凝土挡墙等工程措施使用，见图 6-19。前两种防治措施(锚杆结合主动网、喷射混凝土)已在前述章节有所述及，本节重点对锚杆框架梁、锚杆钢筋混凝土挡墙进行叙述。

表 6-2　锚杆选型

锚杆类别	材料	锚杆承载力设计值/kN	锚杆长度/m	应力状况	备注
土层锚杆	普通螺纹钢筋	<300	<16	非预应力	锚杆超长时，施工安装难度较大
	钢绞线 高强钢丝	300~800	>10	预应力	锚杆超长时，施工方便
	精轧螺纹钢筋	300~800	>10	预应力	杆体防腐耐久性好，施工安装方便
岩层锚杆	普通螺纹钢筋	<300	<16	非预应力	锚杆超长时，施工安装难度较大
	钢绞线 高强钢丝	300~3000	>10	预应力	锚杆超长时，施工方便
	精轧螺纹钢筋	300~1100	>10	预应力 或非预应力	杆体防腐耐久性好，施工安装方便

图 6-19　锚杆结合主动网、喷射混凝土治理典型照片

6.1.4.1　锚杆框架梁

锚杆框架梁具有施工便捷、造价合理、安全可靠以及治理及时、效果明显等优点，可以搭配植被达到美化坡面的效果，广泛应用于高速公路边坡治理工程中（图 6-20、图 6-21）。

锚杆框架梁适用于土质、软质岩和节理裂隙发育的硬质岩路堑防护，以及对绿化有一定要求的边坡处治。

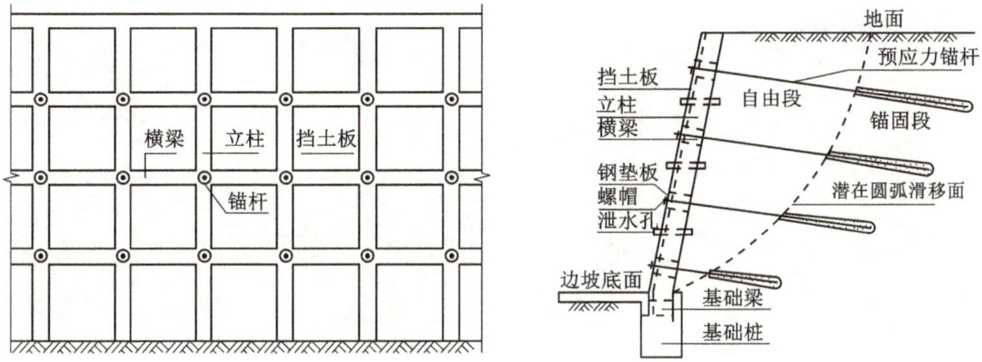

图 6-20　预应力锚杆框架梁立面、剖面

(a) 预应力锚杆框架梁加固

(b) 锚杆框架梁加固

图 6-21　锚杆框架治理典型照片

6.1.4.2　锚杆钢筋混凝土挡墙

锚杆钢筋混凝土挡墙是由钢筋混凝土墙面和锚杆组成的支挡结构物，通过依靠锚固在稳定地层内的锚杆所提供的拉力以承受边坡的侧向岩土压力；其多用于岩体破碎地段及存在不利结构面边坡的支挡工程，是相对于锚杆框架梁更可靠的一种加固防护形式。多级的锚杆挡墙应自上而下分级进行，避免边坡坡体发生崩塌、坍塌。

锚杆挡墙主要有柱板式和板壁式两种形式。柱板式锚杆挡土墙由钢筋混凝土板、肋柱和锚杆组成。当采用预应力锚杆(索)时，具有较强的变形控制能力及较大的抗拔力，常用于路堑及陡坡路堤挡土墙。板壁式锚杆挡土墙由钢筋混凝土板和锚杆组成，适用于岩石边坡，也可用于路堤挡墙的加固处治。

图 6-22 为锚杆挡墙治理典型照片。

(a) 柱板式　　(b) 板壁式

图 6-22　锚杆挡墙治理典型照片

锚杆的施工要点如下。

锚杆施工质量的好坏将直接影响锚杆承载能力及边坡治理效果，在施工前应根据工程施工条件和地质条件选择适宜的施工方法，认真组织施工。锚杆施工一般包括施工准备、钻孔、锚杆制作与安装、注浆、锚杆锁定与张拉等五个环节。锚杆施工工艺及流程如下图所示。

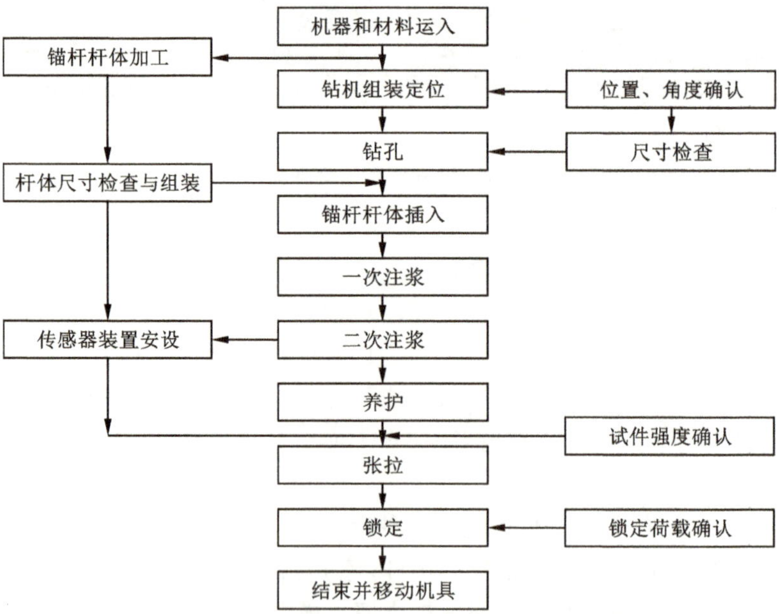

图 6-23　锚杆(索)施工工艺及流程

(1)锚杆施工过程。

1)钻孔：锚杆钻孔应满足设计要求的孔径、长度和倾角，采用适宜的钻孔方法确保精度，使后续的杆体插入和注浆作业能顺利进行。

2)锚杆制作与安装：在锚杆制作上，棒式锚杆的制作十分简单。一般首先按要求的长度切割钢筋，并在外露端加工成螺纹以便安放螺母；然后在杆体上每隔 2~3 m 安放隔离件以使杆体在孔中居中；最后对杆体按要求进行防腐处理。对于多股钢绞线的锚杆制作较复杂，其锚固段的钢绞线呈波浪形，自由段的钢绞线必须进行严格的防护处理。

3)注浆施工：锚固的注浆是锚杆施工过程中的一个重要环节，注浆质量的好坏将直接影响锚杆的承载能力。锚孔一般采用水泥浆或水泥砂浆灌注，浆液的拌和成分、质量和灌注方式在很大程度上决定了锚杆的黏结强度和防腐效果。因此在锚杆注浆施工阶段，应严格把握浆材质量、浆液性能、注浆工艺和注浆质量。

4)锚杆的张拉与锁定：锚杆的张拉，其目的就是通过张拉设备使锚杆杆体自由段产生弹性变形，从而对锚固结构施加所要求的预应力值。在张拉过程中应注重张拉设备的选择、标定、安装、张拉荷载分级、锁定荷载以及量测精度等方面的质量控制。

(2)锚杆施工重点关注。

1)锚杆锚固段长度的允许偏差应在-30 mm~100 mm；

2)锚杆施加预应力时，张拉力、伸长量、锚垫板与锚杆(索)轴线位置应符合设计要求；

3)锚杆防锈处理应符合设计要求；

4)锚杆钻孔直径允许偏差 0~20 mm；

5)锚杆钻孔总长度允许偏差 0~500 mm；

6)锚杆锚固段岩土体类别应满足设计要求。

6.1.5　支挡工程

公路边坡防控中，支挡工程措施主要有挡墙及抗滑桩。

6.1.5.1　挡墙工程

挡墙布置灵活，在地基稳定的情况下，安全可靠、耐久性好，故常常用于高速公路病害防控工程中。挡墙可抵抗墙后填土土压力或滑体剩余下滑力，以保证路基稳定，并可防止裸露坡面继续受雨水冲刷，广泛用于崩塌、坍塌及滑坡的防治。

重力式挡墙具有形式多样简单、施工方便、适应性强的特点。重力式挡墙可采用片石、块石、毛石混凝土或混凝土材料。石料应就地取材，在石料来源丰富的地区，尽可能采用浆砌片(块)石砌筑；在缺乏石料的地区，采用混凝土挡墙，常常不配钢筋或只在局部范围配置少量钢筋。

根据挡墙受力特点的不同，可分为一般挡土墙及抗滑挡土墙。一般挡土墙以抵抗墙后填土的主动土压力为主，适用于小型崩塌、坍塌等病害的防治；抗滑挡土墙抵抗的是滑坡体的剩余下滑推力，用于中小型滑坡的防治。

(1)一般挡土墙。

一般挡土墙(重力式)的特点是依靠石砌圬工或混凝土的墙体自重来抵抗墙后主动土压力。其结构形式多样，可分为：仰斜式、折背式、俯斜式、直立式、衡重式等，如图 6-24 所示。

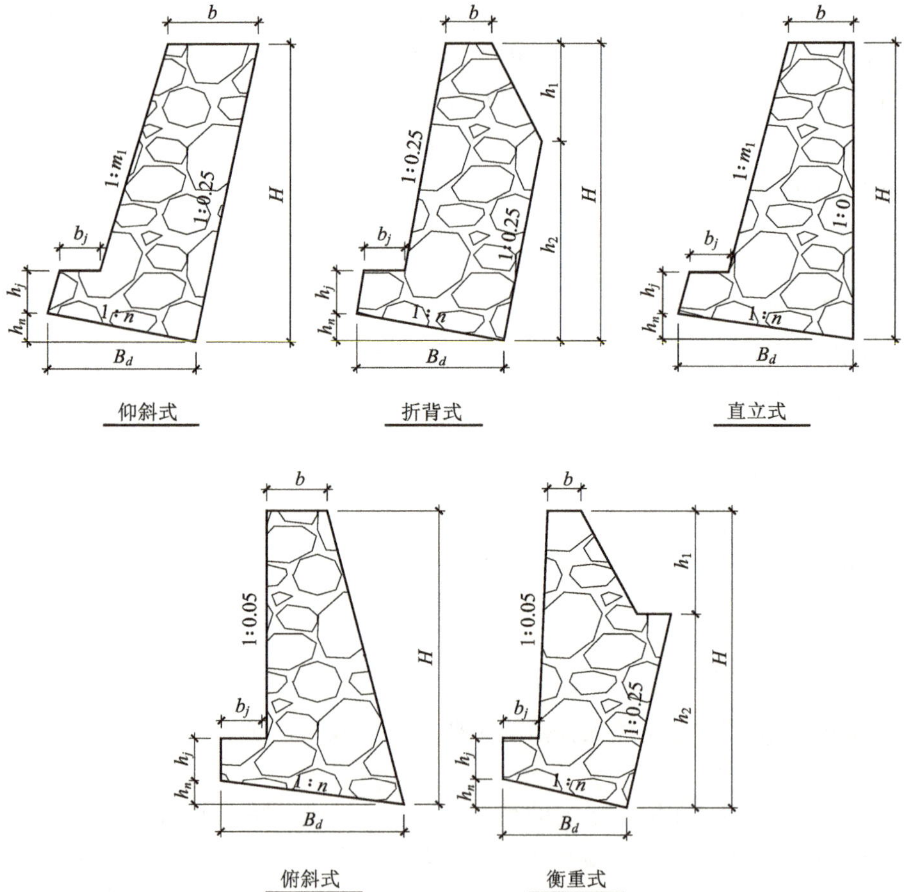

图 6-24　重力式挡墙类型

重力式挡土墙是一种依靠自身重力防止填土或土体变形失稳，而承受侧向土压力的支挡结构物。要求设计的墙身断面大，因此基础所占场地大，圬工量也大。重力式挡土墙墙过高时，经济性较差；在软弱地基上须结合地基处理措施。

重力式挡土墙一般由墙身、基础、排水设施、变形缝（沉降缝、伸缩缝）等几部分组成。其典型构造如图 6-25 所示。

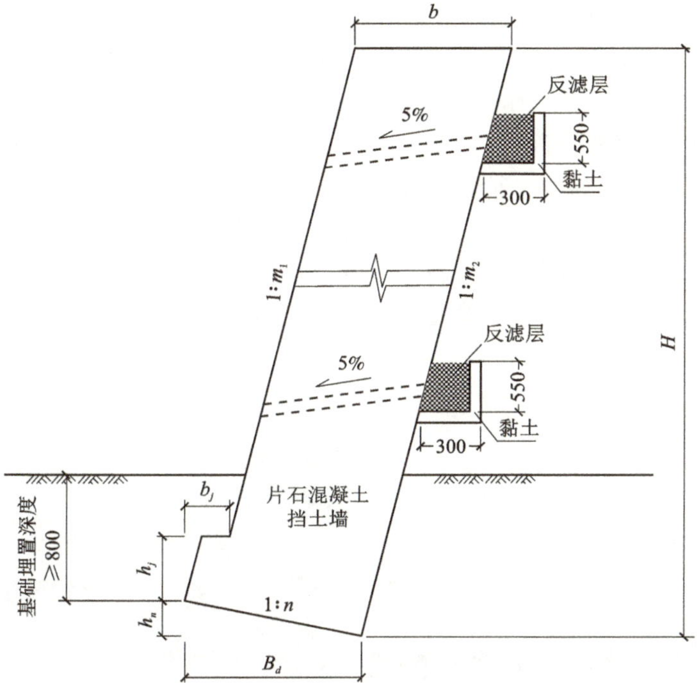

图 6-25　重力式挡墙典型构造（仰斜式）（单位：mm）

（a）坍塌前照片　　（b）挡墙治理后照片

图 6-26　边坡坍塌病害挡墙支挡照片

(2)抗滑挡土墙。

抗滑挡土墙是目前整治中小型滑坡中应用最为广泛且较为有效的措施之一(图 6-27)。抗滑挡土墙与一般挡土墙类似，但它又不同于一般挡土墙，主要表现在抗滑挡土墙所承受土压力的大小、方向、分布和作用位置等方面。一般挡土墙主要抵抗主动土压力，而抗滑挡土墙主要抵抗滑坡体的剩余下滑推力。一般情况下，滑坡的剩余推力较大，对于滑体刚度较大的中、厚层滑坡体，压应力的分布图形近似于矩形，推力的方向与滑移面层平行；合力作用点位置较高，位于滑面以上 1/2 墙高处。因此，一般情况下，滑坡推力较主动土压力大。为满足抗滑挡土墙自身稳定的需要，通常要求抗滑挡土墙墙面坡度采用 1∶0.3~1∶0.5，甚至缓至 1∶0.75~1∶1。有时为增强抗滑挡土墙底部的抗滑阻力，将其基底做成倒坡，或锯齿形；为了增加抗滑挡土墙的抗倾覆稳定性和减少墙体圬工材料用量，可在墙后设置 1~2 m 宽的衡重台或卸荷平台。

图 6-27　抗滑挡墙

对于小型滑坡，可直接在滑坡下部或前缘修建抗滑挡土墙；对于中、大型滑坡，抗滑挡土墙常与排水工程、刷方减重工程等防控措施联合使用。其优点是山体破坏少，稳定滑坡收效快。尤其对于因斜坡体前缘崩塌而引起的大规模滑坡，抗滑挡土墙会起到良好的整治效果。修建抗滑挡土墙时，应尽量避免或减少对滑坡体前缘的开挖；必要时，可设置补偿形抗滑挡土墙，在抗滑挡土墙与滑坡体前缘土坡之间填土，如图 6-28 所示。

在修建抗滑挡土墙时，必须认真进行踏勘，调查滑坡的性质、滑体结构、滑移面层位和层数，以及基础的地质情况，合理确定滑坡体的推力大小。原则上抗滑挡土墙应设置在滑坡体前缘稳定地层上，防止顺滑坡体前缘地基产生不允许的变形，引起抗滑挡土墙体变形而失效。对于深层滑坡体和正在滑移的滑动体，可能因修建挡土墙进行基础开挖时，加剧滑坡体的滑动，故不宜采用抗滑挡土墙。

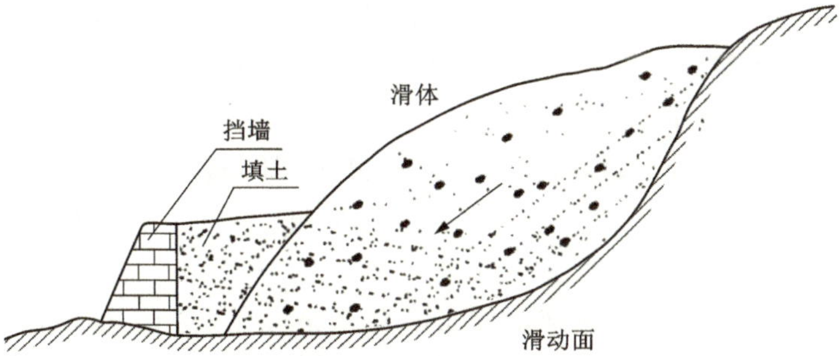

图 6-28　抗滑挡土墙

抗滑挡土墙的主要功能是稳定滑坡。因滑坡形式的多种多样，滑坡推力的大小也随滑坡的形式、规模和滑移面层的不同而不同。抗滑挡土墙结构的断面形式应因地制宜而采用和设计，不能像一般挡土墙那样采用标准断面。

挡墙施工要点如下。

(1)填料选择。

为保证挡土墙既能安全正常工作，又能减少断面尺度，降低工程造价，其墙后填料的选择也是一项重要的工作。

(2)墙身材料选择。

挡土墙墙身材料一般采用条石、块石、毛石混凝土或混凝土。条石或块石应质地坚实、风化程度弱、强度较高，强度等级不应低于 Mu30，砂浆强度等级不应低于 M5.0；采用混凝土时，混凝土强度等级不应低于 C25。

(3)施工注意事项。

1)挡土墙应尽可能在滑坡变形前设置，或在坡脚土体尚未全面开挖前，以较陡的临时边坡分段开挖设置。根据施工过程中建筑物的受力情况，施工时采取分段、跳槽、马口开挖，并及时进行挡土墙的修建。一般跳槽开挖的长度不宜超过总长的 20%。切忌中途停工或冒进。雨季施工时要有切合实际的防范措施，防止雨水的侵蚀加剧滑坡的发展。对于变形剧烈的滑坡，宜从两端向中间分段施工，逐段稳定滑坡，减小滑坡规模，控制滑坡运动。要防止大面积开挖(尤其在坡脚)造成土体滑动，加剧滑坡体运动，影响抗滑的稳定性，甚至破坏已修建的挡土墙。

2)在滑坡地段修建挡土墙前，应事先做好排水系统，合理编制施工组织设计，集中施工力量，做好施工准备，尽量缩短施工工期。

3)注意掌握施工季节，尽可能避免雨季滑坡正在急剧发展时在滑坡脚开挖基坑和修建建筑物。开挖、填土会使地形有相当大的变化，要充分注意排除地表水，也应注意排除地下水，以防水的滞留。同时，对施工用水也应特别注意。

4)滑坡体上(后)部要求进行刷方减重时应先施工，以减小滑坡体产生的下滑力。刷方减重应按自上而下的原则进行。刷方减重的弃土可作为挡土墙后的填料或挡土墙前的压载体。若滑坡体前缘极为松散，有时须将其清除。在这种情况下，应采用自上而下的原则进行施工。

5)地下水丰富时，除按设计要求作好主体工程的施工外，对辅助工程，如墙后排水沟、墙身泄水孔等，也应切实注意施工质量，防止墙后积水。

6)墙后回填土应分层夯实。

7)墙体施工时，必须保证施工质量。对于浆砌条石挡土墙或浆砌块石挡土墙，砌筑时，砂浆必须饱满，砂浆强度应符合设计要求，保证墙体的整体性和刚度。

8)施工时，应保证基础埋置到最深的可能滑动面以下的稳定岩(土)中，并满足设计深度。挡土墙的基底面应严禁做成顺坡，基底面的倒坡应符合设计要求。

(4)挡土墙施工重点。

1)挡土墙地基承载力应符合设计要求。

2)墙后填土压实系数应符合设计要求。

3)混凝土强度应符合设计要求。

4)钢筋保护层厚度应符合设计要求。

5)毛石掺入混凝土挡土墙时，毛石强度等级及掺入量应符合设计要求。

6.1.5.2 抗滑桩

抗滑桩是通过桩身将上部承受的滑坡推力传给下部侧向土体或岩体，依靠桩下部的侧向阻力来承担边坡的下推力，使边坡保持平衡或稳定，如图 6-29 所示。

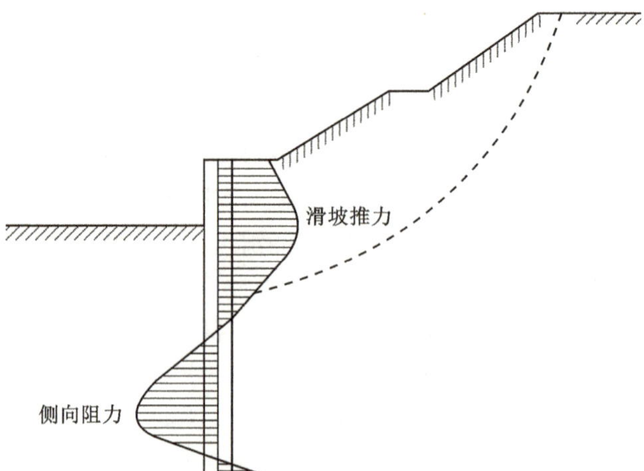

图 6-29 抗滑桩工作原理

抗滑桩原则上布置在滑坡抗滑段、滑体较薄、锚固段地质条件较好的位置，以充分利用抗滑段的抗滑力，减小作用在桩上的滑坡推力，减小桩的截面和埋深，降低工程造价。抗滑桩布置方向上应与滑坡体的主滑方向垂直或接近垂直且成排布置。对大型滑坡，一排桩承受滑坡推力能力有限时，可布设两排或三排抗滑桩分级承担滑坡推力；也可结合锚杆(索)改善抗滑桩的受力状态和减小位移。牵引式滑坡，抗滑桩布置在滑坡体前部；推移式滑坡，抗滑桩布置在滑坡体后部。

(a) 抗滑桩锁口梁施工

(b) 桩孔开挖及孔壁支护

(c) 绑扎钢筋、灌注混凝土

(d) 完工后照片

图 6-30　某高速公路 K1566 抗滑桩施工照片(人工挖孔桩)

(1) 抗滑桩的类型。

1) 抗滑桩按材质分类，有木桩、钢桩、钢筋混凝土桩和组合桩。

2) 抗滑桩按成桩方法分类，有静压桩、打入桩、灌注桩；灌注桩又分为沉管灌注桩、钻孔灌注桩两大类。在常用的钻孔灌注桩中，又分机械钻孔和人工挖孔桩。

3）抗滑桩按结构型式分类，有单桩、排桩、群桩和锚桩。排桩型式常见的有椅式桩墙、门式刚架桩墙、排架式抗滑桩墙（见图 6-31）。锚桩常见的有锚杆抗滑桩和锚索抗滑桩，锚杆有单锚和多锚（见图 6-32），锚索抗滑桩多用单锚。此外还有微型桩群加锚索。

4）抗滑桩按桩的截面形状分类，有圆形桩、管形桩和矩形桩等。

5）抗滑桩按桩与周围岩土的相对刚度分类，有刚性桩和弹性桩。

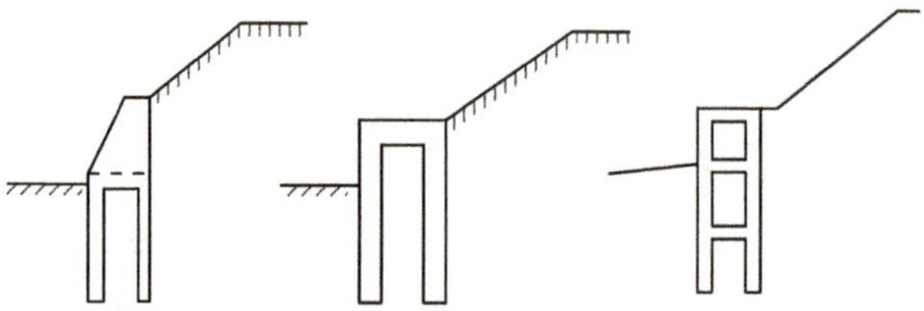

(a) 椅式　(b) 门式　(c) 排架式

图 6-31　抗滑桩排桩型式

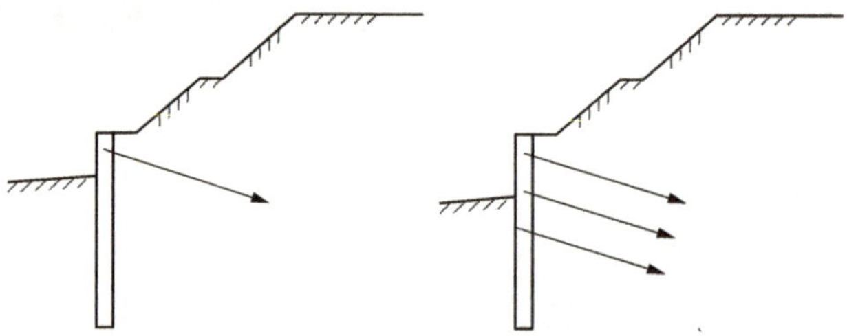

(a) 单锚　(b) 多锚

图 6-32　锚杆（索）抗滑桩

实际工作中应根据滑坡的类型、规模、地质条件、施工条件和工期要求来选用具体的桩型。

（2）各类桩型的特点及适用条件。

木桩是最早采用的桩，其特点是就地取材、方便、易于施工，但桩长有限，桩身强度不高；一般用于浅层滑坡的治理、临时工程或抢险工程。

钢桩的强度高，施打容易、快速，接长方便，但受桩身断面尺寸限制，横向刚度较小，造价偏高。

钢筋混凝土桩是边坡处治工程广泛采用的桩材，桩断面刚度大，抗弯能力高，施工方式多样，可打入、静压、机械钻孔就地灌注和人工成孔就地灌注，但混凝土抗拉能力有限。

抗滑桩施工常用的是现场灌注桩，机械钻孔速度快，桩径可大可小，适用于各种地质条件，但对地形较陡的边坡工程，机械进入和架设困难较大。另外，钻孔时的水对边坡的稳定也有影响。人工成孔的特点是方便、简单、经济，但速度较慢，劳动强度高，遇不良地层(如流沙)时处理相当困难。另外，桩径较小时人工作业困难，桩径一般在 1000 mm 以上才适宜人工成孔。

单桩是抗滑桩的基本型式，也是常用的结构形式。其特点是简单，受力和作用明确。当滑坡推力较大，用单桩不足以承担其推力或使用单桩不经济时，可采用排架桩。排架桩的特点是转动惯量大，抗弯能力强，桩壁阻力较小，桩身应力较小，在软弱地层有较明显的优越性。有锚桩的锚可用钢筋锚杆或预应力锚索，锚杆(索)和桩共同工作，改变桩的悬臂受力状况和桩完全靠侧向地基反力抵抗滑坡推力的机理，使桩身的应力状态和桩顶变位大大改善，是一种较为合理、经济的抗滑结构。但锚杆或锚索的锚固端需要有较好的土层或岩层，其中锚索更需要有较好的岩层来提供可靠的锚固力。

抗滑桩群一般指在横向 2 排以上，在纵向 2 列以上的组合抗滑结构，类似于墩台或承台结构。它能承担更大的滑坡推力，可用于特殊的滑坡治理工程或特殊用途的边坡工程。

抗滑桩施工要点。

(1)施工一般顺序。

抗滑桩施工多采用机械成孔或人工成孔，现场灌注混凝土施工。

灌注桩是一项质量要求高，施工工序较多，必须在短时间内连续完成的地下隐蔽工程。

灌注桩施工的一般程序如图 6-33 所示。

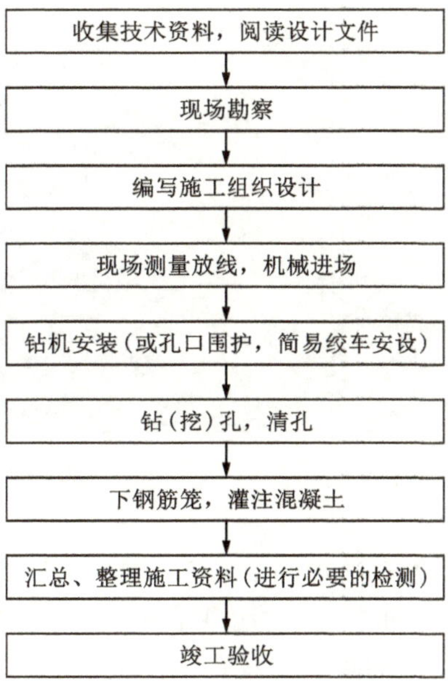

图 6-33　灌注桩施工流程

灌注桩施工一般应先进行试成孔施工，试成孔的数量不少于两个，以便核对地质资料。检验所选的设备、施工工艺以及技术要求是否适宜，检验并修正施工技术参数。如出现缩颈、坍孔、回淤、吊脚或出现流沙、地下水量大等情况，不能满足设计要求，或增加了施工难度、达不到工期要求时，应重新制订施工方案，考虑新的施工工艺，甚至选择更适合的桩型。

(2)抗滑桩施工重点。

1)桩成孔总长度不小于设计值；

2)桩成孔断面尺寸不小于设计值；

3)桩身完整性应符合设计要求；

4)保护层厚度应符合设计要求；

5)嵌固段长度不小于设计值；

6)对于水平承载力有特殊要求的桩，应进行单桩水平静载试验检测，桩水平承载力应满足设计要求。

6.1.6 落石拦挡

落石拦挡是一种被动的防治措施，如设置落石平台、落石槽、拦石墙、拦石网、被动防护网等。高速公路边坡病害防控中较常用的是拦石墙、拦石网、被动防护网。其中被动防护网在边坡落石拦挡中应用广泛。

拦石墙、拦石网一般作为治理工程的辅助措施，用于拦挡坡面剥落物及小方量落石。拦石墙是设置于边坡平台或坡脚的小型圬工结构，一般高度不高；拦石网常采用H型钢制作支柱，以钢丝格栅网拦截落石。典型照片如图6-34所示。

图6-34　拦石墙和拦石网

被动防护网由锚杆、钢柱、支撑绳、拉锚绳及柔性网等构件组成一套整体的拦石网，布置在后缘、平台或坡脚，可以起到有效拦截落石、保护受威胁对象的安全。

被动防护网具有构件生产工厂化、标准化，具有良好的地形适应性，以及施工快捷、耐久性较好、维护较好的特点。

图6-35为被动防护网照片，图6-36为被动防护网典型结构。

图 6-35　被动防护网照片

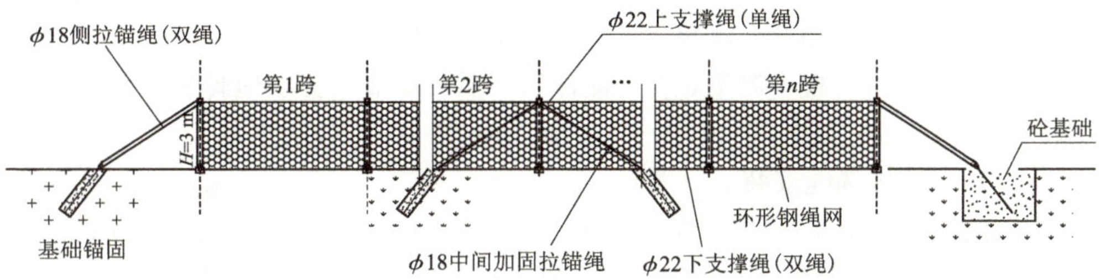

(a) 立面

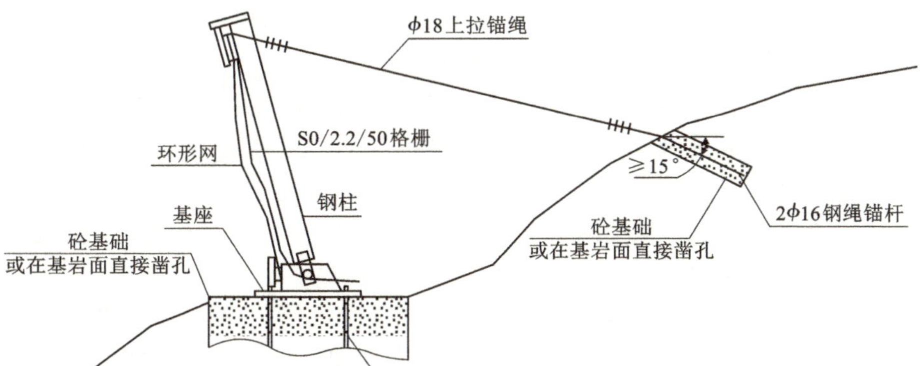

(b) 剖面

图 6-36　被动防护网典型结构(单位：mm)

被动防护网施工要点。

被动防护网的施工流程为：清坡与坡面平整—施工放线—锚杆与基座施工—钢柱和拉锚绳安装—支撑绳安装—柔性网连接。

(1)清坡与坡面平整。

对可能影响施工安全的坡面浮土浮石，根据情况进行清除，以确保施工安全。

(2)施工放线。

当坡面条件可能影响被动防护网的防护功能或施工安装时，应按设计要求的位置、间距与容许误差范围，按有利于被动防护网功能发挥、便于施工、满足设计要求的优先顺序，放线确定锚杆或混凝土基础的位置。

(3)锚杆与基座施工。

锚杆施工：岩石地基时，在已确定的锚杆孔位置处按设计要求的孔径、长度和方位施工钻孔、安装锚杆并注浆；对土质或破碎岩质地基，采用开挖基坑、浇筑基础混凝土，在土层较薄区域，当开挖至基岩但尚未达到设计深度时，应在锚孔位置处钻孔，安装锚杆及注浆后再浇筑上部基础混凝土。

基座安装：进行现场测量定位、锚杆施工后，将基座套入地脚螺栓并用螺母拧紧完成基座安装。

(4)钢柱和拉锚绳安装。

固定钢柱式被动网的拉锚绳可以在钢柱安装后再进行安装。铰接钢柱式被动网必须与钢柱同步安装，且为了后续安装方便，通常也应在立起钢柱前将其他拉锚绳连接到相应的柱顶。为了在确保系统整体稳定前提下，铰接钢柱式被动网的钢柱最佳方位随上坡面坡角而不同的；当该坡角不大于30°时，宜相对于铅直线下倾15°左右；当该坡角大于30°时，宜将钢柱与上坡面夹角控制在75°左右。

若支撑绳、拉锚绳等钢丝绳类构件带有消能装置，应与钢丝绳构件同时安装；带有防止钢柱朝上坡侧反向倾倒的防倾倒构件时，应同时安装。

(5)支撑绳安装。

上、下支撑绳安装，柔性网与上、下支撑绳采用穿挂方式连接时，应在安装上支撑绳的同时悬挂柔性网片，然后再安装下支撑绳。

支撑绳安装就位后，在两端固定前必须予以张紧。一方面控制荷载不能过大，以防止钢柱过度偏斜甚至弯曲导致消能件启动；另一方面需要张紧足够程度，一般以柔性网安装后上支撑绳的最大下垂量不超过柱间距的3%为准。

(6)柔性网连接。

柔性网的连接包括了其与支撑绳、边垂绳间的连接以及各网片间的连接，对设置有缓冲区的系统还包括了该区域内比较特殊的连接方式，所有的连接操作本身都比较简单，但必须注意以下事项。

1）对于支撑绳安装时已通过穿挂网孔的方式实现了柔性网与支撑绳连接的情形，支撑绳只能穿过需与其直接连接的网孔，而不得穿过缓冲区内须采取特殊连接方式的网孔。

2）对于减压环分散布置的被动网，若采用缝合绳的连接方式，必须避免缝合绳直接连接到减压环内；否则减压环启动前其环管端口处钢丝绳将受到明显损伤，甚至使减压环不能正常启动。

3）无论采用卸扣、缓冲卡环来实现缓冲内网孔与支撑绳、缓冲绳或并行绳的连接，都必须注意所选接的网孔数和所连接的构件，否则将使缓冲区功能失效。比如若将应与缓冲绳连接的网孔错误地连接到支撑绳上，则实际上等于没有缓冲区存在。

4）若采用卸扣来进行环形网网片间的连接，除上下边沿处外，每一个网环都必须与邻近的两个网环相连；确保整个环形网内各网环具有相同的连接模式，不得采用单个网环间的对接方式。当采用缝合绳来进行这种连接时（缝合绳连接方式因操作困难已极少采用，尤其是在设置有缓冲区的系统中，这种连接方式是无效的），其缝合路径也应与此相同。

5）若系统配置有钢丝格栅，其安装都在最后进行。格栅必须铺挂在承载柔性网的上坡侧，且上缘应翻卷到下坡侧至少 15 cm，以避免落石冲击时格栅被轻易坠拉脱落；底部应顺坡向上延伸至少 50 cm，有条件时宜用土或小石块覆压该延伸段，以免拦截下来的小块岩石从底部可能存在的悬空处滚出。格栅网片间及其与柔性网间都应用扎丝扎结，扎结点间距一般不应大于 1 m。

（7）检查与调试。

主要检查以下项目，若不满足要求应进行适当调整或返工。

1）钢柱方位是否明显偏离前直面；

2）支撑绳和侧拉锚绳是否连接到正确的锚杆和消能件上；

3）消能件数量、型号和分布方式是否正确；

4）减压环分散布置的被动网中，缝合绳是否直接连接到减压环上；

5）柱顶和基座上的支撑绳、拉锚绳、缓冲绳等钢丝绳构件的连接是否正确；

6）钢丝绳夹数量、安装方位是否正确，是否达到需要的紧固程度；

7）缓冲区网孔数量及其连接方式是否正确；

8）网片间连接是否正确、边界网片是否正确连接到边垂绳上；

9）上支撑绳的最大下垂量是否小于柱间距的 3%。

6.1.7 注浆加固

注浆加固是通过把浆液注入岩石的裂隙或土体的孔隙，待浆液凝固后，对周围松散破碎的岩土体起黏结和加固作用，使岩层和土体的强度大大提高，改变岩土的力学性能，增加边坡的稳定性(图 6-37)。

按浆液材料的种类，边坡注浆加固可分为水泥注浆、化学注浆。

(1)水泥注浆：是指注浆采用的浆液为水泥浆。纯水泥浆是由水和水泥按一定比例混合而成。

(2)化学注浆：是指浆液为化学浆材制成，主要用于微裂缝的注浆。通常所用的化学浆液有水玻璃、酸性水玻璃、丙烯酰胺类浆液、改性环氧树脂浆液以及聚氨酯浆液等。

在边坡治理工程中，较常用的是水泥注浆和水玻璃类浆液。如某高速公路K298 公路边坡挡墙出现了较严重的鼓胀开裂等病害，在采用水泥浆液进行钢花管注浆加固后，取得了较理想的效果。

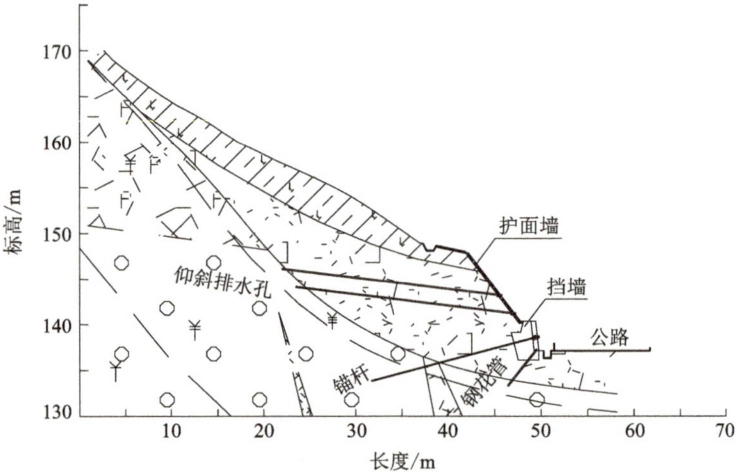

图 6-37　注浆加固治理剖面

实施过程：为了对挡土墙地基进行注浆加固(图 6-38)，沿挡墙墙脚处设置一排间距 1.5 m 的注浆孔，钻孔直径 130 mm，俯角 52°，孔深 5 m；孔内安设采用 ϕ89 mm、壁厚 5 mm 无缝钢管制作的钢花管(图 6-39)；注浆压力 2 MPa，采用 M30 水泥浆，以跳孔间隔注浆方式分两次进行注浆，第一次、第二次注浆水灰比分别 0.45、0.6~0.8。

注浆加固完成后，在挡土墙顶部布置位移监测点进行定期监测。通过 2 年的监测数据分析，治理后挡土墙处于稳定状态，取得了较理想的加固效果。

图 6-38　钢花管注浆加固实施照片

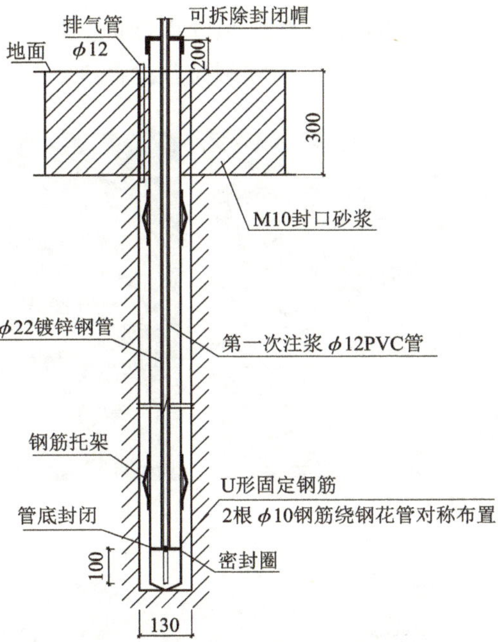

图 6-39　钢花管注浆结构(单位：mm)

6.1.8　排水工程

在工程实践中，降雨和地下水渗透往往是边坡失稳破坏最主要的诱因之一。雨水沿着边坡的节理、裂缝等下渗，一方面会使岩土体饱和，增加岩土体重度；另一方面会软化岩土体，降低岩土体抗剪强度，加剧坡体破坏；同时，地下水渗透，坡体孔隙水压力增加，也会减小岩土体抗剪强度。

治坡先治水，边坡加固防护措施往往须配合排水工程才能达到良好的治理效果。做好边坡防排水工程是边坡病害防控的重要部分，边坡排水工程包括地表排水、地下排水及防护结构排水。

6.1.8.1 地表排水

地表排水的目的是通过在边坡区域形成完整的排水系统，把边坡后缘自然斜坡的地表汇水截排不使其流入边坡范围；同时把边坡范围内的雨水以及坡体渗水、泉水通过截、排水沟尽快排出，使其不致渗入坡体。地表排水主要有边坡外围的截水沟、边坡范围内的横纵向排水沟、急流槽等。

(1)截、排水沟，急流槽。

为了减少地表径流汇入边坡，在边坡后缘一定距离的稳定斜坡上，设置外围截水沟，边坡平台及坡脚设置横向排水沟，竖向沿边坡坡面设置急流槽。地表排水设施应相互贯通，协同排水。断面尺寸以该地区最大降雨强度时水流不漫沟为标准，沟底高程和沟底比降设计以顺利排除拦截地表水为原则(图 6-40)。

(a) 截水沟典型照片

(b) 排水沟典型照片

(c) 急流槽典型照片

图 6-40 常用的地表排水设施

(2)集水井。

集水井作为地表排水的一种辅助措施，主要用于汇集地表排水设施的汇水。当水量过大时，可起到缓冲水流、沉淀泥沙的作用，有利于排水设施的维护、清理，减少地表排水设施的淤堵，见图 6-41。

图 6-41　集水井典型照片

(3)喷射混凝土封闭。

对于地下水位较低或者不受地下水位影响的边坡，为了减少雨水渗入边坡，在截排水沟以内的天然地表及开挖坡面可以采用喷射混凝土封闭的方法，其厚度一般为 8~15 cm。风化较为严重的部位可以采取挂网喷射混凝土的防护方法。在喷射混凝土防护区域，每隔 2~5 m 设置一个排水孔，孔深 50~200 cm，直径 50~100 mm。排水孔排出的水汇集到坡面纵横向排水沟排走，见图 6-42。

(a) 喷射混凝土护面典型照片　　(b) 坡顶至后缘低凹区域喷砼封闭

图 6-42　喷射混凝土封闭典型照片

6.1.8.2　地下排水

地下排水工程的主要作用是截断坡体上游的水源，将埋藏在坡体内的地下水最大限度的排除，减小岩土体的含水量，提高边坡的稳定性。地下排水工程的常用措施有：截水隧洞、截水盲沟、垂直孔群排水、仰斜排水孔群排水、虹吸排水等。

(1)截水隧洞和截水盲沟。

截水隧洞一般布置在滑坡体以外或者滑坡的中上部，隧洞轴线方向应近似垂直地下水流的方向。为了施工的安全和方便，常将隧洞的洞顶放在滑动面以下

2~3 m 的稳定岩层中。截水采用两种方式：一是从洞内向上和两侧打 10~20 m 的仰斜排水孔，穿过滑动面将地下水引入截水洞中排出坡体；二是从地面沿洞的轴线打垂直钻孔群形成截水帷幕，将多层地下水引入洞中。

截水盲沟的沟底应设置在滑动面以下的隔水岩层中，轴线方向垂直于地下水流方向，迎水方向设反滤层和土工布，背水侧沟壁设置隔渗层。截水盲沟的优点是能较彻底地截断补给滑坡的多层地下水，排水效果好；缺点是在含水的岩层中开挖容易坍塌，需要加强支护，施工起来比较困难。对长的隧洞和盲沟，应沿洞身轴线每 30~50 m 设置检查井。检查井有四个方面的作用：一是进一步勘探确定沟或洞的排水纵坡；二是施工隧洞时可以起到通风和进料的作用；三是起渗井和沉淀的作用；四是当沟、洞分岔或者转弯时起连接作用。为使截水洞或者盲沟起到良好的排水效果，必须有详细的水文地质资料，如地下水的分布位置、水位、水流量、流向、补给来源、渗透系数等(图 6-43)。

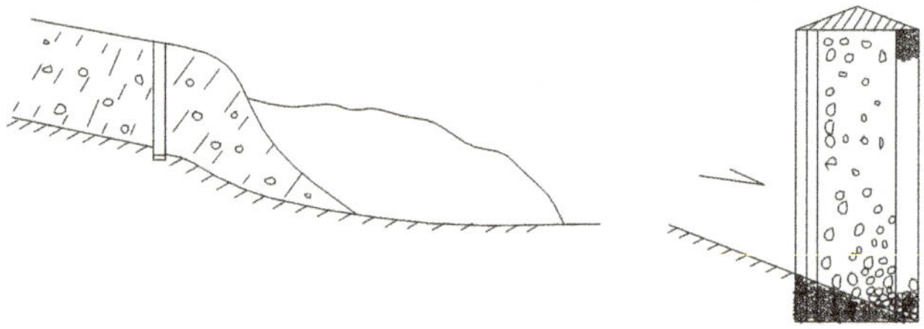

图 6-43　截水盲沟

(2)仰斜排水孔群排水和井-孔联合排水、洞-孔联合排水。

仰斜排水孔群排水是在地下水较发育的滑坡上部或前缘打若干向上仰斜 5°~10°的钻孔将地下水排出，以达到降低滑坡体地下水位的目的。当滑坡移动速度较快有可能剧滑时，仰斜排水孔可以作为应急排水工程迅速降低地下水位、减缓滑坡滑动的速度(图 6-44)。

井-孔联合排水是把集水井和仰斜排水孔结合起来，可以排除多层或者埋深较大的地下水。具体做法是在滑体上打若干个竖井，在井中打放射状排水孔，把水集中于井内，再用平孔或抽水排出。

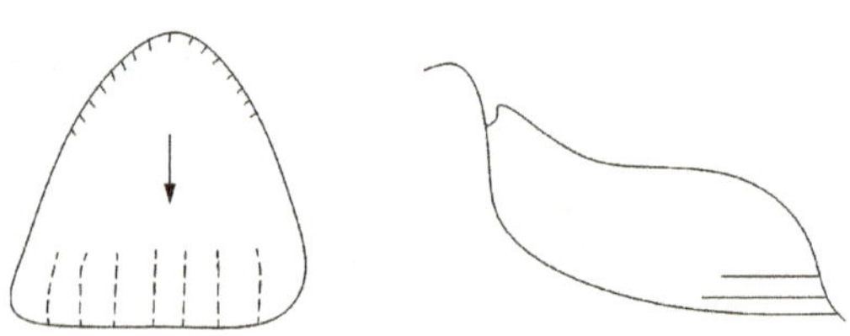

图 6-44　仰斜孔排水

洞-孔联合排水是把排水洞布入滑面以下的稳定地层中，在洞中向周围打斜孔，穿过滑面，把水引入洞中排除(图 6-45~图 6-46)。

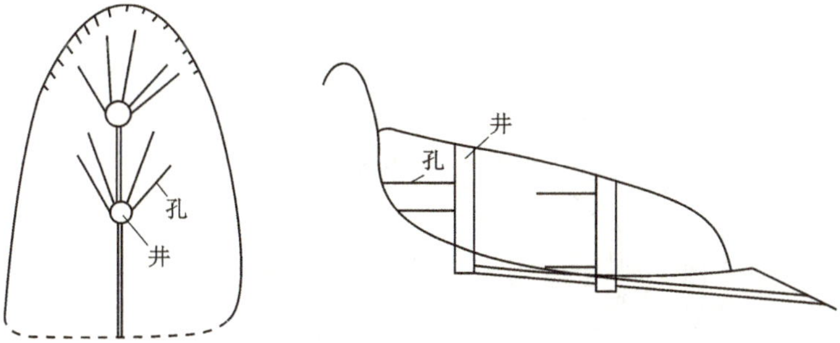

图 6-45　井-孔联合排水

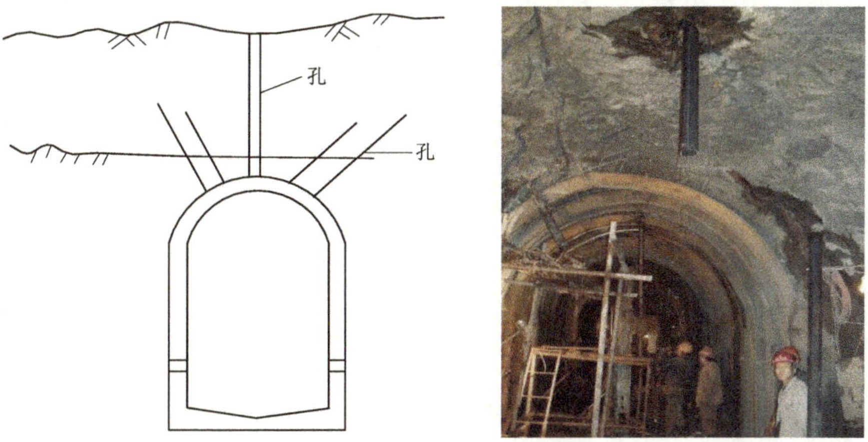

图 6-46　洞-孔联合排水

在以往的公路边坡排水设计中通常采用仰斜排水孔进行深层排水。仰斜排水孔通常是采用小直径的排水管在边坡体内排除深层地下水，排水孔钻孔直径宜为 75～150 mm，仰角不小于 6°，长度伸至地下水富集或潜在滑动面。孔内透水管直径宜为 50～100 mm。透水管外包 1～2 层渗水土工布作反滤层，防止泥土将渗水孔堵塞。该方法可以快速疏干地下水，提高岩(土)体抗剪强度，防止边坡失稳；同时减少对岩(土)体的开挖，加快工程进度和降低造价。因而其在国内外山区公路中得到广泛的应用。实践证明，该常规方法在排水初期能够发挥很好的排水作用。当排水孔使用一段时间后，由于各种原因(如堵塞、材质老化等)其排水功能逐渐衰减。由于不易更换常导致排水失效，使得边坡治理工程的长期效果得不到保障，危及工程稳定性和公路交通安全。为提高排水孔的排水效果，延长边坡仰斜排水孔使用寿命，可采用双管型可拆卸式清洗的仰斜排水孔。经过实际工程运用，效果良好(图 6-47～图 6-48)。

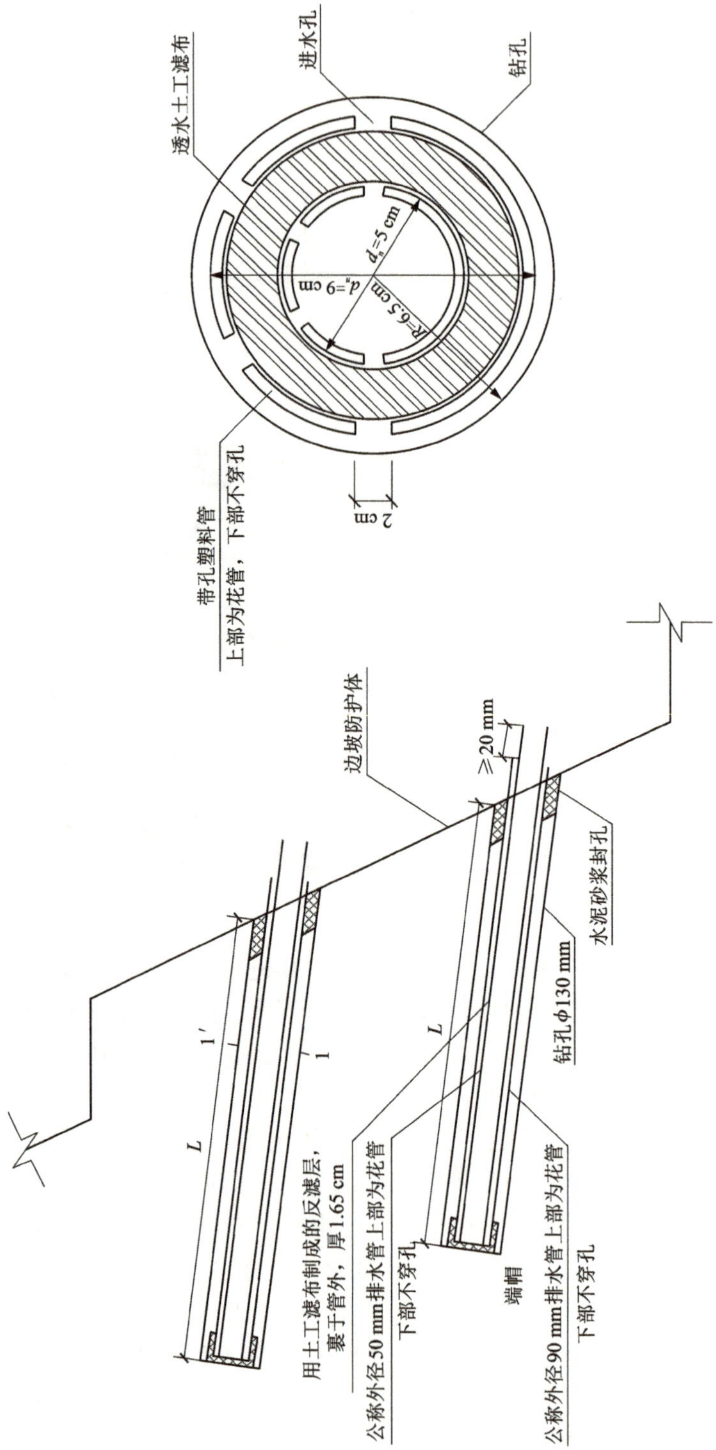

图6-47　一种新型双管型可拆卸清洗仰斜排水孔大样

图 6-48　新型双层排水管地下排水

(3)井群抽水和垂直孔群排水。

井群抽水是在滑坡的中上部地下水分布集中的地带布设若干个抽水井，井底应设在滑面以下的稳定岩层中。由井群集水并用水泵抽出地面，用明沟排走降低地下水位。垂直钻孔群排水原理和井群排水一样，不同点在于垂直钻孔群采用机械钻孔(图 6-49)。

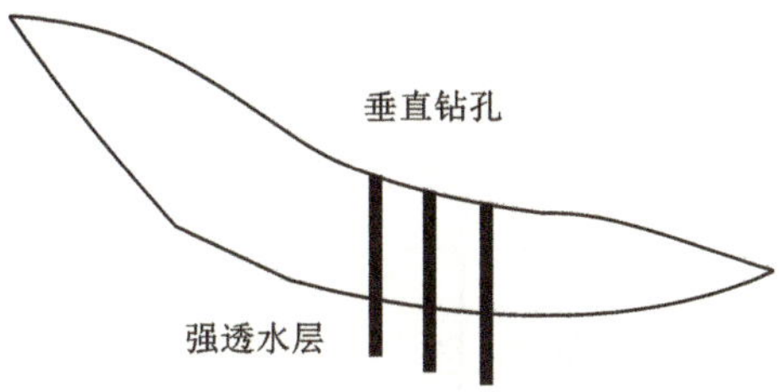

图 6-49　垂直孔排水

(4)虹吸排水。

虹吸排水的工作原理是利用向下倾斜的钻孔进入坡体深部，把虹吸排水管通过倾斜孔进入边坡的深部，从斜孔的孔底引出虹吸排水管到坡面一定位置，使虹吸排水管的出水口高程低于钻孔的孔底高程。当坡体内部水位上升时，利用虹吸管进水口和出水口的大气压差将地下水自流排出坡体，以达到降低坡体水位的目的(图 6-50)，是一种新型有效的边坡排水方法。

6.1.8.3　防护结构排水

当采用边坡坡面全封闭的防护工程，如喷浆防护技术、砌石防护、挡土墙及桩板式挡土墙时，应注意坡内地下水的排泄通道。一般应在这些防护结构上设置排水孔。必要时，须在防护结构和边坡的接触面之间设置反滤层。如挡墙防护结构的排水措施布置，一般有 A、B 和 C 三种类型供选择。根据地表水汇集、墙背填料透水性能及有无地下水等情况选用，或综合其特点后灵活选用。泄水孔孔径一般在 100 mm 左右，间距一般为 2~3 m，按梅花形布置。泄水孔向外坡 5%，当有地下水渗入填料时，应设置排水盲沟，将水体顺利排出墙外。如图 6-51 ~ 图 6-54 所示。

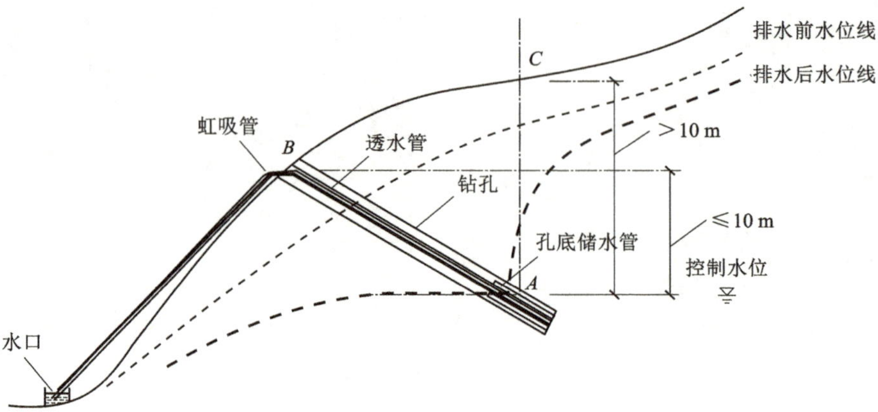

图 6-50　虹吸排水

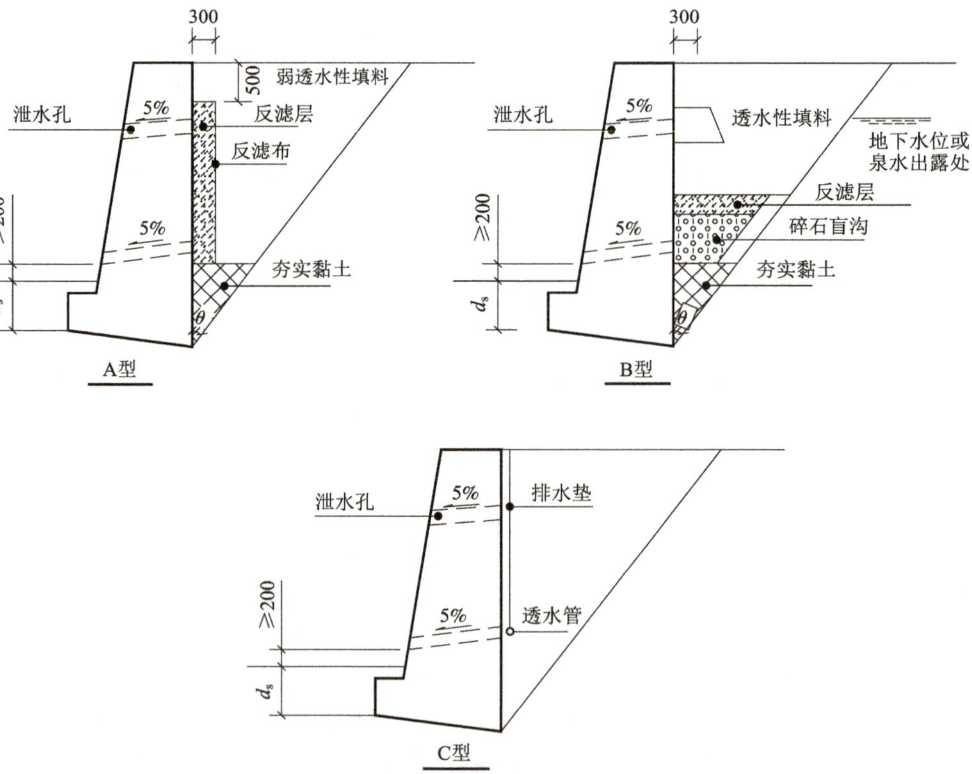

图 6-51　挡土墙防、排水设施(单位：mm)

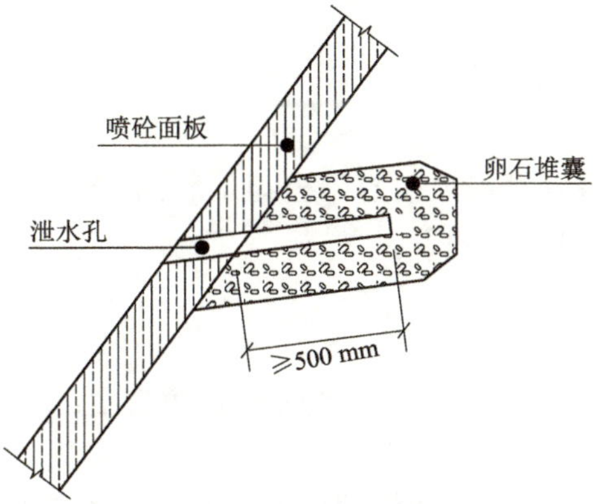

图 6-52　锚喷防护工程排水设施

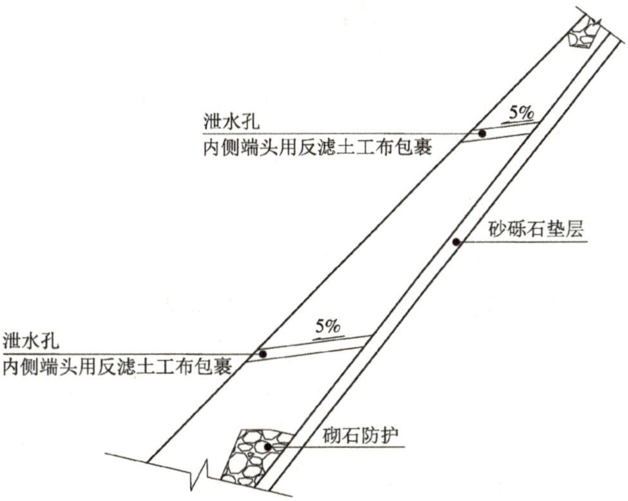

图 6-53　砌石防护工程排水设施

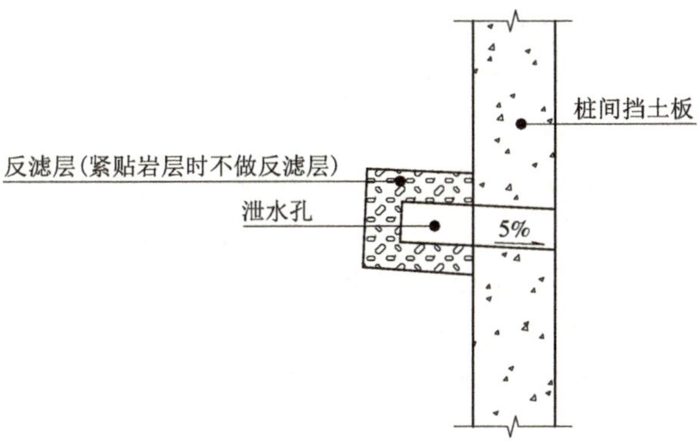

图 6-54　抗滑桩桩间挡土板排水设施

6.2 边坡应急抢险

参照浙江沪杭甬高速公路股份有限公司编制的《道路结构物突发事件专项应急预案》，边坡应急抢险工作如下。

6.2.1 应急抢险管理流程

(1)边坡应急抢险管理原则：以人为本，预防为主；政府主导，分级响应；协调联动，快速反应。

(2)应急组织机构：由公司和管理中心两级应急指挥机构组成。应急组织机构为加强现场管理和协调，视情况需要可设置现场工作组。

(3)常见边坡突发事件类型：崩塌、滑坡、泥石流、冲刷、坍塌、掉块落石。

(4)边坡突发事件的分级：根据边坡突发事件的严重程度、可控性、影响范围以及影响高速公路畅通情况，突发事件分四级，即Ⅰ级(特别重大)、Ⅱ级(重大)、Ⅲ级(较大)、Ⅳ级(一般)。

(5)应急处置。

1)应急响应分级：按照突发事件的直接后果、危急程度、潜在危险性和发展趋势，边坡突发事件应急响应级别分三级。当发生Ⅳ级突发事件时，由管理中心负责应急处置工作，并启动三级应急响应；当发生或可能发生Ⅲ级突发事件时，由公司突发事件应急领导小组副组长决定启动二级应急响应。当发生或可能发生Ⅰ级、Ⅱ级突发事件时，由公司突发事件应急领导小组组长启动一级应急响应。

2)应急处置措施：边坡突发事件应急处置应遵循“判险情，控交通，速报告，协救援，监险情，评风险，定方案，速抢险，保安畅”的原则。

①发生突发事件后，管理中心要尽快查明事件后果，初步判断事件的性质、特点和潜在危害。根据已发生的事件后果和潜在安全风险，确定临时封道和警戒措施，与此同时通过电话方式向公司汇报险情。

②协助专业救援队伍和高速交警迅速组织做好被困人员的营救、疏散、撤离和现场交通控制等先期处置工作。

③对存在发展趋势的变形险情，应立即布设临时监测措施，并加强检查、监控，实时掌控险情发展趋势。根据需要安装临时监控摄像头。

④组织专家对突发安全事故现场踏勘、调查，分析事故的原因、性质，评估潜在风险及危害程度。视情况组织专业单位进行检测。

⑤根据专业评估、组织专家论证，有针对性地制定后续道路交通控制方案，商定应急治理方案。

⑥辖区单位及时与地方政府沟通联系，尽快解决事故引起的土地征用事宜，

确保工程抢险工作的顺利进行。落实应急队伍，开展应急抢险工作。

⑦按照动态设计原则，专家组紧密关注现场，提供技术性支持，实时完善应急措施。

⑧抢险结束后，由专家组进行论证，确认事态得到有效控制后，应急响应机构根据现场情况作出应急程序终止决定，在确保营运安全的前提下尽快恢复交通。

3)信息报告：管理中心应当初步判断应急响应等级，并在规定时间内上报公司运行管理中心、安全监督管理部和养护管理部；报告内容主要包括时间、地点、信息来源、事件性质、影响范围、简要经过、伤亡情况、现场处置情况、已采取的措施和事件发展趋势等，并根据事态进展，及时续报事故处置情况。

(6)应急保障。

1)应急队伍和物资设备保障。各管理中心应急救援队伍应建立联动机制，由公司负责统一指挥和调配。各管理中心和日常养护单位配备必要的应急抢险物资和装备，建立专门的台账，做好日常管理、维护、保养、更新工作。

2)资金保障：边坡一旦发生安全事故，抢险时间跨度大，后续处置费用开支大；由事发单位上报处置预算费用，在养护经费的不可预见费中列支，确保应急处置资金需要。

(7)善后与恢复。

应急响应结束后，善后与恢复主要为：向保险公司申请理赔，妥善赔偿他人损失；加强风险监测和排查，确保营运安全；全面分析事故原因，根据专家组对应急处置后安全性评估，委托专业单位进行永久性治理加固设计；认真总结、评估经验教训；对应急处置中突出表现的单位和个人予以鼓励和表彰；对渎职失职、工作不力的追究责任。

6.2.2　应急抢险原则

(1)“快、准、狠”的原则。

1)快，即抢险速度要快，防止病害不能有效得到控制而出现恶化；

2)准，即抢险工程要抓住病害的关键点，确定针对性的工程抢险方案，切忌“大水漫灌式”的工程抢险；

3)狠，即抢险工程要适当保守，这是由于抢险工程往往缺乏严谨的地质勘查和细致的分析计算，而主要通过现场地质调绘和经验进行病害的抢险，不排除病害认知上存在偏差的可能。

(2)优先采用卸载、反压和截排水的原则。

1)卸载能有效减小坡体的潜在下滑力，快速提高坡体的稳定性，起到良好的工程抢险效果。

2)反压能有效增加坡体的抗滑力，快速提高坡体的稳定性，起到良好的工程抢险效果。

3)截排水工程能快速截断坡外地表水和地下水进入坡体，或快速疏排坡体地下水达到有效减小水压力的效果，是抢险工程中常用的工程措施之一。

(3)积极主动的加固原则。

在卸载、反压无法实施或水不是坡体发生病害的主因时，应积极考虑施工速度快、机动性强、对地形适应性好的锚杆(索)主动加固工程。通过锚杆(索)预应力对病害坡体实施主动约束，限制坡体的进一步发展变形。

(4)有效的被动防护原则。

在卸载、反压、水或主动加固没有条件实施时，可对病害坡体实施被动工程进行防治。即通过微型桩、锚杆等被动受力工程实现对病害坡体的抢险。总体来说，虽然被动防护工程的被动受力特性不及主动加固工程有效，但被动防护工程不需要预应力张拉工序。它是利用钢筋、钢管等筋体材料的抗剪强度实现对病害坡体的直接支挡，施工简单快捷。

需要说明的是，抢险工程中的病害坡体变形速率相对较快，故一般情况下不宜采用大直径抗滑工程进行抢险，防止大直径桩施工速度和桩体强度上升较慢而出现抗滑桩体在起到支挡效果前发生桩体剪断现象。

(5)永临结合的原则。

抢险工程的首要任务是快速提高病害坡体的稳定性，为永久防治工程的勘察、设计和施工赢得宝贵时间。在工程抢险时，宜尽量将抢险工程作为将来永久工程的一部分，避免工程浪费。

(6)就地取材的原则。

抢险工程存在非常关键的时效性，这对抢险工程材料的快速准备提出了较高的要求。因此，抢险工程材料一定要坚持就地取材的原则。

(7)加强病害坡体的监测和观测的原则。

对快速变形的病害坡体，通过监测和观测可有效指导和验证抢险工程方案的有效性，也为抢险工程的安全实施提供了有效保障。

(8)定期现场核对的原则。

由于抢险工程存在一定的“粗犷性”，工程实施时应随着对病害体认识的加深，实时核查抢险工程的准确性，及时调整抢险工程不足的部分，以达到更好的工程抢险效果。

(9)不宜贸然定论的原则。

抢险工程在地质资料认识深度、细度上存在一定的不确定性，因此，工程抢险阶段不宜对病害发生的原因进行明确而贸然的定论，以免造成后续工作上的被动或形成不良的社会影响。

6.2.3　应急抢险常见措施

公路边坡应急抢险工程中，除了前述的刷方减重、坡脚反压、地表水截排等措施外，常用的措施有以下几点。

(1)土石方清理。

边坡发生崩(坍)塌、滑坡灾害后，首要任务是及时清除崩(坍)塌、滑坡堆积体，第一时间抢通道路。在清理前须快速评估边坡稳定性。如果边坡有再次发生崩(坍)塌、滑坡的可能，甚至有发生整体、较大规模变形破坏时，禁止在坡脚清坡刷方，避免造成二次伤害。如果坡脚堆积体起到反压作用则保留，否则应尽快清除。

(2)裂缝遮盖及封闭。

对于滑坡变形过程中产生的裂缝，须尽快采用彩条布遮盖，并应尽快封闭，避免大量雨水渗入滑坡体及滑动带。

(3)简易监测。

设置简易监测，如骑马桩、贴片、固定标尺等；当变形开裂范围大且仍在继续发展时，应按坡体变形进行处理，见图 6-55。

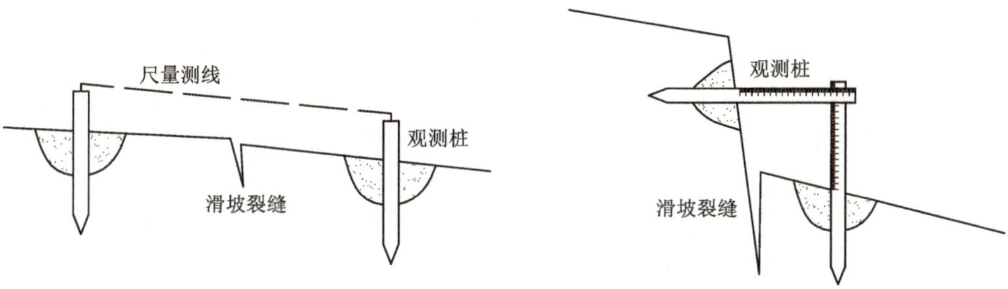

(a)骑马桩、固定标尺监测

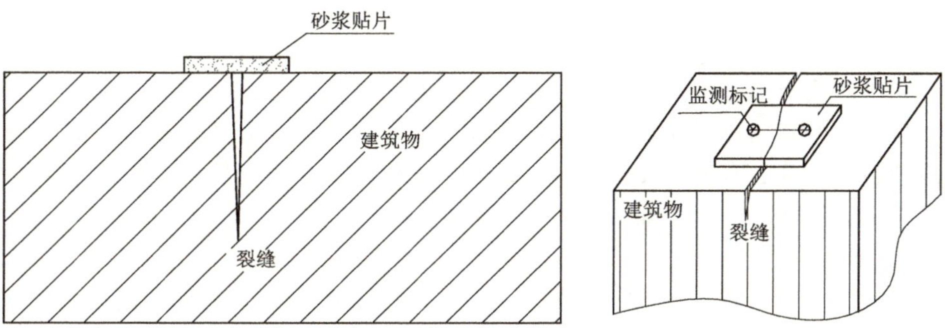

(b)贴片监测

图 6-55　简易监测

(4)临时安全防护设施。

1)脚手架毛竹片拦挡隔离：采用钢管脚手架搭设，靠下方设置斜支撑，侧面铺设毛竹片，作为缓冲，临公路一侧可安装塑料仿草坪绿网。脚手架毛竹片拦挡隔离典型结构如图 6-56 所示。

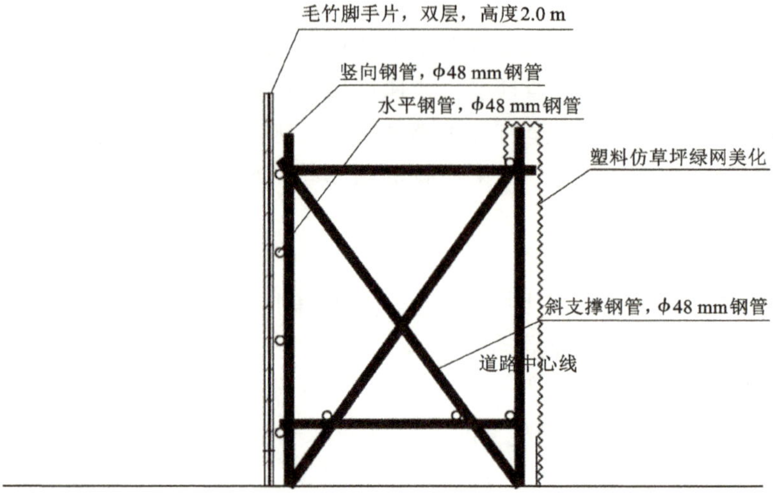

图 6-56　脚手架毛竹片临时防护设施

2)堆沙袋拦挡隔离：采用在路肩上堆砌沙袋的方式，进行拦挡隔离，避免坍塌土石侵入路面。如有落石危害可在沙袋中间设置彩钢板等增加拦挡高度。

(5)设置警示标志。

边坡发生险情后，其病害往往有可能进一步发展，故应设置警示标志以提醒来往人员及车辆，避免人员进入危险区域。特别在台风及强降雨期间，确保人员不在滑坡体周边一带作停留，以保障人员安全。

6.2.4　应急抢险专业设备

边坡灾害具有频发、突发的特点，对边坡应急抢险要求很高，必须快速、高效。例如边坡灾害常发生于高陡的特殊位置，常规的养护施工设备一般不适用边坡应急抢险工作，因此边坡抢险施工必须配备相应的专业设备。主要的专业抢险设备有潜孔钻机、长臂挖掘机、高压注浆泵、空压机。

(1)潜孔钻机。

潜孔钻机用于锚杆、预应力锚杆(索)、导管注浆、微型桩及坡体排水等的钻孔作业。设备技术参数：最大成孔深度一般不小于 80 m，可跟套管钻进。

(2)长臂挖掘机。

长臂挖掘机用于清除边坡 20～35 m 高范围且普通挖机处理困难的危岩体、崩

(坍)塌体等，避免边坡高处的危岩体、崩(坍)塌体发生二次崩塌、坍塌而坠入高速公路内。

(3)高压注浆泵。

高压注浆泵用于锚杆、预应力锚杆(索)、导管注浆加固的注浆作业。设备技术参数：最大注浆压力大于 5 MPa，最大流量大于 250 L/min。

(4)空压机。

空压机用于锚杆、预应力锚杆(索)、小导管注浆、微型桩、坡体排水等成孔作业中供应钻机风压。设备技术参数：排气量 20 m^3 以上，柴油动力。

6.3 边坡专项整治

边坡专项整治一般应包括以下步骤。

(1)现场踏勘。

边坡工程属于实践性极强的专业工程，边坡病害成因的分析、治理方案的合理选择均须建立在现场详细踏勘、定性判断的基础上。切不可纸上谈兵、闭门造车。现场踏勘应重点查明边坡岩土类型、病害特征及成因、边坡周边环境等；同时研判发展趋势，形成初步结论，为后续治理工作开展奠定基础。

(2)地形测量。

地形测量是边坡治理的基础工作，若地形不准确，将造成设计人员对边坡坡形(如坡高、坡度等基础数据)、周边地形(汇水面积、周边建筑物位置等)产生误判，影响治理方案的选择及工程量估算的准确性，进而影响业主投资控制。在土石方工程施工过程中，亦会造成施工单位超挖、欠挖等现象，给后续工作开展带来困难。

开展地形测量工作时，应当确保地形测量范围满足边坡设计要求。地形图比例应一般小于 1∶500。如果边坡地形条件比较复杂，或边坡发生变形开裂现象，则应根据需要针对微地貌进行补测等。

(3)地质勘查。

勘查工作直接影响地质条件的判断及设计方案是否合理等，因此在开展边坡整治时应重视，做好勘查工作。

地质勘查为边坡设计提供地质依据，应查明边坡区域岩土类型及地质构造特征；在没有露头的区域，还应通过地质钻探等手段查明边坡地层分布情况，并通过岩土试验等手段，为边坡设计提供岩土参数。在此基础上，提出相关建议，为后续工作开展提供支持，提升边坡治理效果。

(4)专项设计。

边坡设计单位应根据地形、地质资料、边坡建设期、运营期相关工程资料、历史病害发展情况等结合边坡现场情况，分析边坡病害成因，研判病害发展趋势，选择经济、合理、切实可行的边坡加固防控工程措施，并在此基础上编制边坡治理设计方案。方案应经专家评审，修改完善后方可提交使用。

(5)边坡施工。

边坡工程是专业性较强的专项工程，应由具备相应资质的、有经验的施工单位进行边坡工程施工。施工前应做好施工组织设计。施工过程中，应加强巡查及施工监测，关注边坡稳定情况，做好边坡安全防护措施，减少对道路通行的影响。

6.4 边坡运营监测

6.4.1 边坡运营监测的目的与意义

边坡安全监测贯穿边坡工程的设计、施工和运营的始终。在公路建设期间，对边坡工程进行处治，以防止边坡出现变形或者失稳，有效保证了安全。运营时间比建设期更漫长，边坡安全事件不可预见，进行边坡运营监测能够检验工程治理效果，掌握边坡长期稳定性变化情况，对突发事故进行提前预警，减少生命财产损失。因此，边坡工程运营监测具有极其重要的意义。

边坡运营监测的目的：

(1)通过获得边坡及周围环境的综合信息，进行边坡日常管理，对边坡设计和施工方案的合理性进行评价。

(2)了解边坡的受力变形情况，评价边坡治理后稳定状况，并作出有关预报，为崩塌、滑坡的正确分析评价、预测预报提供可靠的资料和科学依据。

(3)为防止滑坡及可能的滑动和蠕动变形提供技术依据，预测和预报今后边坡的位移、变形的发展趋势，通过监测对岩土体的时效特性进行相关的研究。

(4)已经发生变形破坏的边坡和加固防控处理后的边坡，其监测结果也是检验边坡分析评价及处治工程效果的尺度。

(5)为边坡治理的研究积累数据，总结经验，为今后类似边坡工程提供参考。

6.4.2 边坡运营监测设计的原则

(1)可靠性原则。

可靠性原则是监测系统设计中所考虑的最重要的原则。为了确保其可靠性，须做到：①采用经专业机构鉴定的仪器，根据监测对象和环境条件选择不同型号的监测仪器；②仪器选择应能满足监测精度要求、精确可靠，能适应恶劣环境条件，抗腐蚀能力强，受温度、风雨雪、振动等外界作用影响小，能够保持仪器的长期稳定性和可靠性，便于维护和更换。③监测期间做好监测点的保护工作；④关键区域重点监测：监测点布置合理，做到控制关键区域。在不同地质环境条件下，边坡稳定的标准是不同的。稳定性差的地段应重点进行监测，以保证边坡的安全稳定。

(2)规范性原则。

监测方案的实施须符合国家、地方、行业的规范、规程、标准，监测方案的设计、监测工作的实施、灾害的预警等各个环节都必须由具有相应资质的单位实施；每个环节都要有科学的评估，确保方案的全面性和适用性，把人民群众的生命财产安全放在第一位。

(3)动态监测原则。

监测工作应根据设计要求、边坡稳定性、气象环境、施工等因素进行动态调整，在确保监测工作发挥其应有作用的前提下，力求其科学性和经济性。

(4)重点突出原则。

监测工作主要为边坡安全运营提供数据保障，做到整体控制、多层次布置、关键部位优先、重点突出，让监测工作发挥科学的指导作用。

(5)经济合理原则。

在考虑监测设计方案的完整性后，应合理选择经济的监测手段并优化监测方案，力求以最小的成本达到最大的监测效果。

6.4.3　边坡运营监测的内容与方法

边坡运营监测的内容和方法较多，可根据边坡安全等级、地质环境、边坡类型及支护结构类型和变形控制要求选择相应的监测项目，主要为变形监测、应力监测及地下水监测等。边坡运营监测应采用现场巡检与仪器监测相结合的方式，仪器监测可以采用现场人工监测或自动化监测。主要监测项目见表 6-3。

表 6-3　边坡运营监测主要项目

监测项目		监测内容	监测方法
变形监测	地表位移监测	位移大小及方向、位移速率等	大地测量法、GPS 测量法、TDR 监测法和 OTDR 监测法等
	深部位移监测	沿深度范围内坡体点与点之间的绝对位移量和相对位移量	测斜仪、钻孔位移计等
	地表裂缝监测	裂缝宽度和变化速率	伸缩仪、位错计等
	支护结构位移监测	支护结构位移和变形	大地测量法、GPS 测量法等

续表6-3

监测项目		监测内容	监测方法
应力监测	岩土体应力监测	坡体应力	压力传感器、压力盒、钢筋计、锚索测力计等
	支护结构应力监测	抗滑桩等支护结构应力	
	锚杆(索)应力监测	锚杆(索)应力	
地下水监测		水位、水量、孔隙水压力	人工测量、孔隙水压力计等

6.4.4 边坡的变形监测

边坡的破坏往往会有发生发展的过程：初始变形阶段，变形速率小，变形趋势不明显；加速变形阶段，边坡变形发展加快，位移量开始增大，变形趋势明显，坡顶、坡面、坡体两侧或坡脚可能出现裂缝。通过对这些变形现象的分析得到变形破坏的各种特征信息，分析其动态变化的规律，进而预测边坡可能发生的破坏，为边坡科学防控提供技术支撑。边坡变形的监测内容包括地表位移监测、地表裂缝监测、边坡深部位移监测及支护结构位移监测等。

6.4.4.1 地表位移监测

(1)监测网布置。

监测网布置即在边坡体上设置变形监测点，构成若干条纵横交错的观测线，在变形区影响范围之外稳定点设置固定观测站。通常可以采用十字交叉网法，如图6-57(a)所示，适用于滑体小、窄而长，滑动主轴位置明显的边坡；放射状网法，如图6-57(b)所示，适用于比较开阔、范围不大，在边坡两侧或上、下方有突出的山包能使测站通视全网的地形；任意观测网法，如图6-57(c)所示，用于地形复杂的大型边坡。

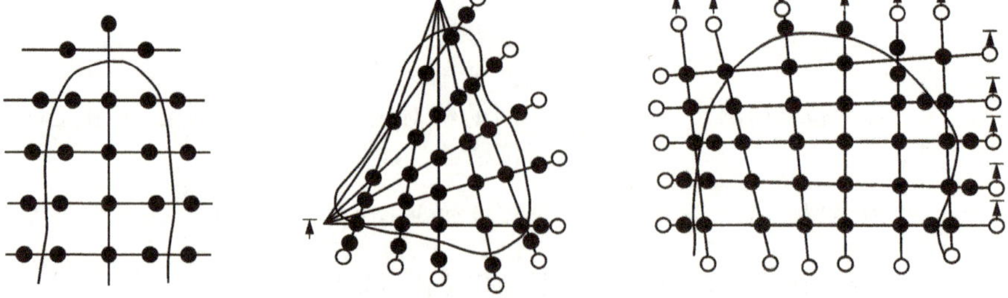

(a) 十字交叉网法　(b) 放射状网法　(c) 任意观测网法

图6-57　边坡表面位移观测网

监测网由基准点、工作基点和变形监测点组成，且符合以下要求。

1）基准点应埋设在稳定的位置，远离边坡影响范围外且利于监测点的监测，不应少于 3 个。基准点应视线开阔，便于相互校核（如现场有稳定并利于监测的控制点，则利用现场控制点）。

2）工作基点应设置在监测区域以内的相对稳定且方便的位置，在通视条件良好、距基准点较近、监测项目较少的情况下，可直接将基准点作为工作基点。

3）变形监测点应当设置在反映边坡变形特征的位置或监测断面上，水平和垂直位移监测点共用一个点。

4）监测网能够覆盖边坡影响范围及周边环境，并兼顾威胁对象的分布情况。

（2）监测方法。

地表位移监测方法包括大地测量法、GPS 测量法、TDR 监测法和 OTDR 监测法等。在满足精度要求的前提下，选择经济适用的监测方法。在经济技术允许条件下，采用自动化监测。

1）大地测量法。

主要有两方向或三方向前方交会法、双边距离交会法、视准线法、小角法、测距法及几何水准测量法，以及精密三角高程测量法等。常用前方交会法、双边距离交会法监测边坡变形的二维（X、Y 方向）水平位移；用视准线法、小角法、测距法观测边坡的水平单向位移；用几何水准测量法、精密三角高程测量法观测边坡的垂直（Z 方向）位移。大地测量法常用高精度光学和光电测量仪器，如水准仪、全站仪等，通过测角、测距来完成边坡的监测。大地测量法已发展十分成熟，在边坡工程的地表位移监测中占主导地位，具有如下优点。

①能确定边坡地表变形范围。不仅可以对重点部位进行定点变形监测，而且监测面积广，可以有效监测确定边坡变形状态。

②量程不受限制。通过设站观测，仪器量程能满足边坡变形监测，可以观测到边坡变形演变的全过程。

③能观测到边坡体的绝对位移量。大地测量法以变形区外稳定的测站为基准（或参照物）进行观测，能够直观测定边坡地表的绝对位移量，掌握整体变形状态，为评估边坡的稳定性提供可靠依据。

大地测量方法也受到地形通视条件限制和气象条件（如风、雨、雾、雪等）的影响，工作量大，周期长，连续观测能力较差，对监测人员的专业要求较高，适用于经费不足且植被较少的公路边坡。

近年来，自动全站仪被广泛用于边坡地表位移监测。自动全站仪又称测量机器人，是一种集自动目标识别、自动照准、自动测角与测距、自动目标跟踪、自动记录于一体的测量平台。

使用该方法监测时只需在监测区域内布设一定数量的棱镜，在监测区域外布置测量机器人，即可定期自动完成目标识别、照准等测量工作。其成本相对较低，监测精度可靠，且实施简单易行。可根据工程需要，搭建半自动或全自动监测系统(图 6-58、图 6-59)。

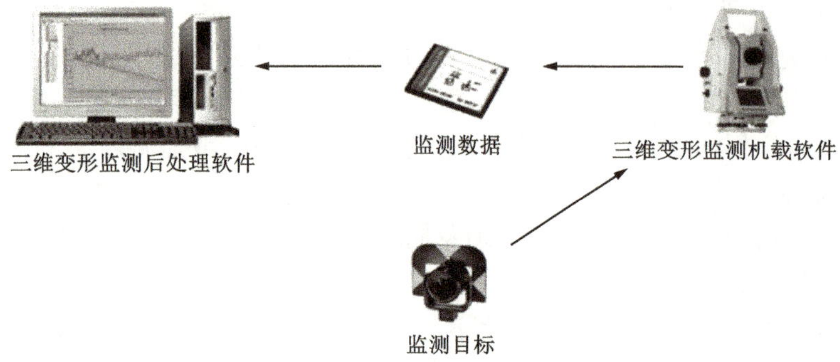

图 6-58　半自动监测系统

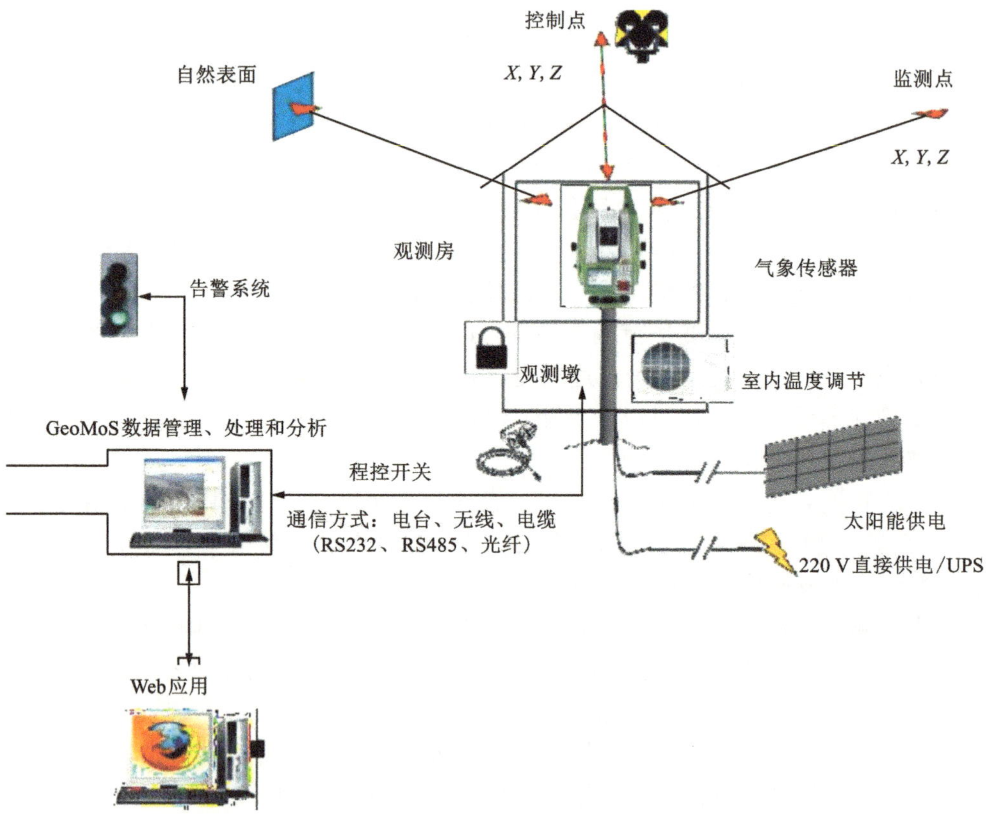

图 6-59　全自动监测系统

2) GPS 与北斗导航监测法

GPS 全球定位系统是随着现代科学技术发展而建立起来的新一代精密卫星定位系统。

北斗卫星导航定位系统是我国自主研发、拥有自主知识产权的导航定位系统。基于北斗卫星导航定位系统的边坡监测系统，是将布设在边坡上的北斗终端所获取的信息，利用北斗系统的通信功能传送到数据解析处理子系统；按照北斗系统的通信协议进行解析入库，数据综合管理子系统利用存储在数据库中的监测信息实现监测数据实时显示、历史监测数据统计分析等功能。整个系统的结构层次如图 6-60 所示。

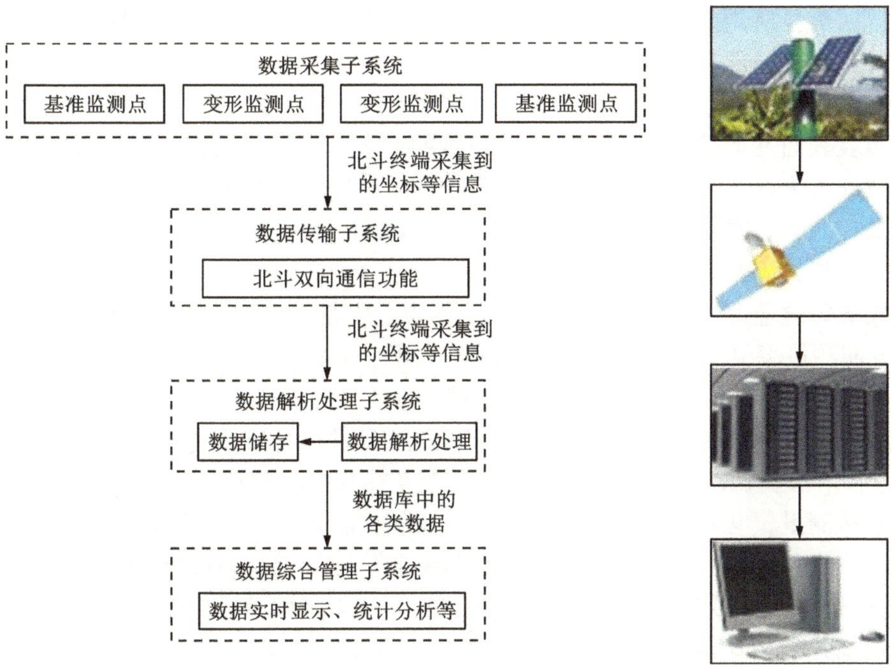

图 6-60　北斗导航监测系统结构

GPS 与北斗导航监测具有全天候、全球性、高精度、高速度、实时三维定位、误差不随定位时间而积累等优点。此法适用于边坡体地表位移监测，特别适合于地形条件复杂、起伏大或通视条件差的边坡监测。

3) TDR 监测法。

TDR 是时域反射法的简称，是一种远程电子测量技术。一个完整的 TDR 滑坡监测系统，一般由 TDR 同轴电缆、电缆测试仪、数据记录仪、远程通信设备以及数据分析软件等部分组成。通过 TDR 电缆线的快速数据读取功能可以在较短时间内得到所有电缆信号，采集效率提高，数据提供便捷。TDR 系统可以与数据记录器、普通电话线或便携式电话连接，实时地将现场数据发送到远处，实现远程遥测。特别在发生险情的边坡上，可以保证人员安全。TDR 技术具有方便、安全、经济、数字化及远程控制等优点。

4）OTDR 监测法。

OTDR 是光时域反射的简称。在边坡上预先埋置多路分布式光纤，通过发射光脉冲到光纤内，然后在 OTDR 端口接收返回的信息来进行。当光脉冲在光纤内传输时，会由于光纤本身的性质、连接器、接合点、弯曲或其他类似的事件而产生散射、反射。其中一部分的散射和反射会返回到 OTDR 中。返回的有用信息由 OTDR 的探测器来测量，并作为光纤内不同位置上的时间或曲线片段。从发射信号到返回信号所用的时间，确定光在玻璃物质中的速度，以计算出距离。其远程监测及数据传输原理基本同 TDR 一致。

6.4.4.2 地表裂缝监测

边坡表面变形的直接表现形式为裂缝的产生。裂缝作为最主要、最明显的公路边坡病害表征之一，不会对边坡稳定性造成直接巨大的影响。但若裂缝不及时监测及控制，导致发生进一步的延伸，其后果难以预估的，进而可能会引发崩塌、滑坡等事故，严重影响着公路边坡稳定。

地表裂缝监测主要在裂缝的两端、拐点、中部和最宽处的两侧设置观测标志；定期测量裂缝宽度、长度及裂缝两侧水平、垂直位移的变化值，必要时进行裂缝深度监测，了解边坡的变形发展趋势。

裂缝出现后，在裂缝两侧沿边坡变形方向及时布设简易监测桩或钢筋[图 6-61(a)]。在边坡裂缝变化明显的部位采用经纬仪、水准仪和全站仪等仪器设备进行直接测量，也可采用钢卷尺、伸缩仪、游标卡尺、裂缝量测仪、测缝仪、位移计等手段进行测量，也可在不动体和变形体上分别设置观测尺[图 6-61(b)]；在边坡影响范围内建筑物产生变形开裂时，可以在裂缝两侧设置观测标志，比如涂油漆划线并采用尺测量，也可以在裂缝上贴纸片、设置玻璃条、水泥砂浆贴片[图 6-61(c)]。以上裂缝监测方法精度相对较低、人工成本高，但是直观简便、数据可靠，在边坡快速变形状态时比较实用。

6.4.4.3 边坡深部位移监测

发生滑坡时需要准确判断滑面(带)位置及其所处状态。有时在一些复杂的地质边坡进行地质钻探也很难判定，判定不准确将会造成工程治理费用的大量投入。通过在坡体内设置深部位移监测是解决这一难题的有效技术手段。它可以掌握坡体内的变形特征曲线及预测坡体的变形发展规律，已在大量的滑坡监测中得到广泛应用。

深部位移监测布置在地质不良地段、有滑动迹象等关键部位。监测孔主要布

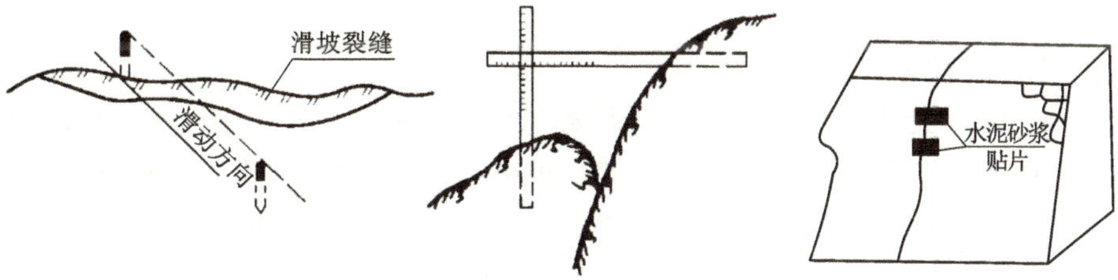

(a) 打桩观测裂缝　(b) 固定标尺观测裂缝　(c) 固定标尺观测裂缝

图 6-61　裂缝观测示意

置在边坡主滑断面上，在次滑动断面上同时布置相对较少数量的监测孔，最终形成监测线。监测线的数量根据边坡或滑坡范围确定。

深部位移监测技术有钻孔测斜仪监测、拉线式地下位移监测及时域反射技术（简称 TDR 技术）等，一般利用勘查孔以节约费用。

(1) 钻孔测斜仪监测。

钻孔测斜仪监测在边坡深部位移监测中应用最多，包括固定式测斜仪监测、滑动式测斜仪监测。

1) 固定式测斜仪监测。

钻孔中埋设测斜管后，在不同深度处按设计的位置固定放置测斜探头（图 6-62），最少需要 3 个探头。探头通过连接杆组成传感器串，通过电缆引出连接到地面数据采集系统上。

当边坡发生水平向移动时，测斜管管体产生倾斜，同时测斜探头倾角发生变化；根据探头的标距长度，可计算边坡在不同深度的水平位移值。长期监测过程中，若固定式测斜仪从初始位置偏移至新的位置，则可以通过初始测量角度与当前实时测量角度计算出累积位移值。

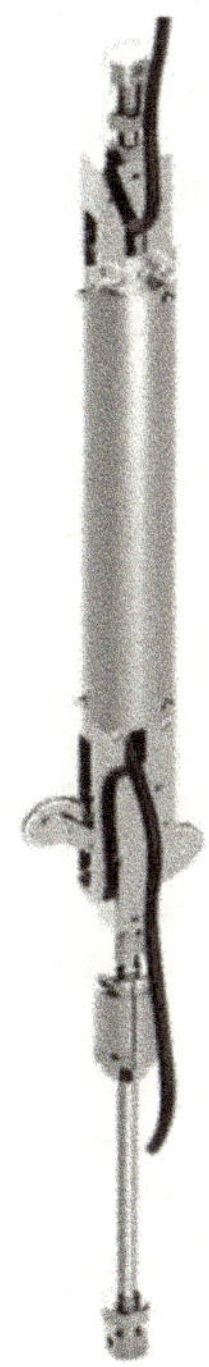

图 6-62　固定式测斜仪探头

固定式测斜仪具有以下优点：①实时无人监控，即实现无人自动监测，减少人为误差，可以定时监测也可以连续监测，并实时远程采集、传输数据；②配置灵活，即根据需要使用不同的标距长度，减少测斜孔内所使用的传感器数量，重点监测深度内多布置测斜探头，以监测获取详细数据，其他区域则可以较少地布置测斜探头。

固定式测斜仪也存在所需探头较多、有时测斜管内无法放入、成本较高等缺点。

2)滑动式测斜仪监测。

目前，滑动式测斜仪在边坡深部位移监测中得到了广泛应用。测斜仪主要由测斜管、探头、传输电缆及读数仪四部分组成，如图6-63所示。首先在监测点位钻孔，把测斜管埋入孔内。测斜管一般选用PVC、ASB工程塑料或铝合金材料制成。管内带有十字导槽，确保一组导槽与边坡变形或滑坡主滑方向平行。测斜管底一般深入潜在滑动面以下5 m。确认测斜管埋设完好后，对测斜管与孔壁之间回填砂或灌水泥浆，回填保证填充质量，确保测斜管与周边岩土体较好的变形协调。

滑动式测斜仪进行深部水平位移监测，一般以测斜管的底部为固定起算点。测斜仪探头置入测斜管底后，应待探头温度接近管内温度时再量测。在监测前要反复测读数次，建立初值。之后量测时，由管底开始向上提升探头每隔0.5 m(探头轮距)测读1次，依此作为1个测回，将测头旋转180°再测1次。2次观测位置(即深度)相同，每次可测2个测回。当边坡发生变形时，测斜管也产生相应的变形，放入测斜管的测斜探头倾角发生变化。任意两点之间的斜率变化反映了这两点之间的相对位移，由测斜管底部相对不动点开始累加得到不同深度处的水平位移值。

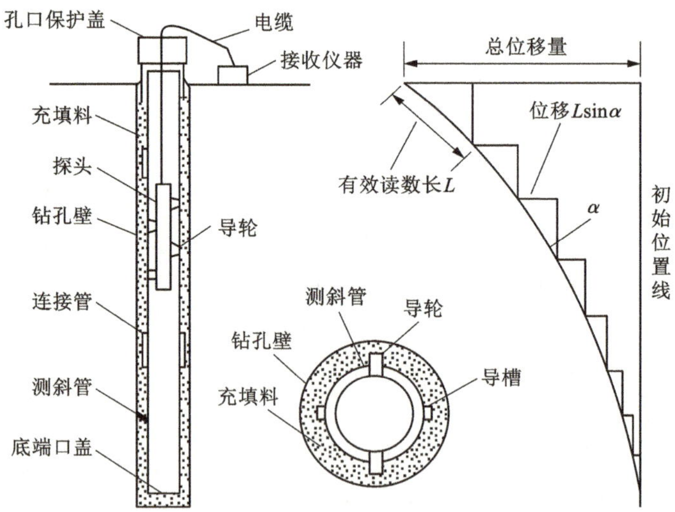

图6-63　滑动式测斜仪原理

滑动式测斜仪一台仪器可以多孔、多点使用，操作简单，可以较好地判断滑动面的位置。由于是人工沿测斜管上下移动探头，测定点位不同次不能很好地重合，存在人为误差。

(2)拉线式地下位移监测(多点位移计)。

拉线式地下位移监测是一种简易的深部水平位移监测方法。在监测点处钻孔，沿钻孔内测管不同深度设置固定点。固定点通过一根钢丝线的一端固定，另一端拉出地表与角位移传感器连接。当测点处岩土层发生深部变形时，测管发生倾斜变形。首先由固定点将变形传递给钢丝线；然后再由钢丝线传递至地面的角位移传感器，得到孔内各测点的深层水平位移值，见图 6-64。

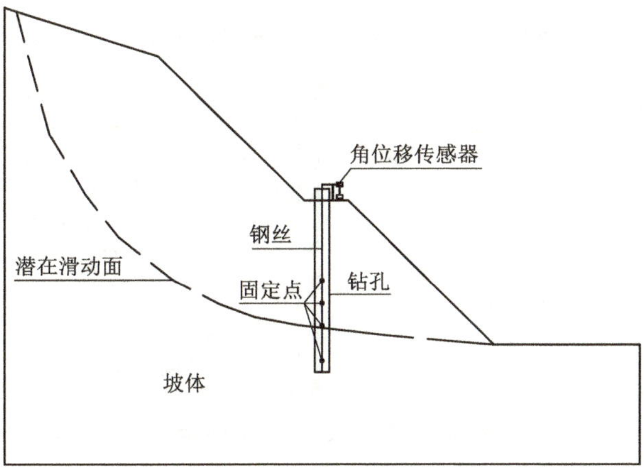

图 6-64　拉线式地下位移监测埋设及基本原理

拉线式地下位移监测具有结构简单、量程可调、成本较低等优点，满足单孔多点测量需求，提高了测量结果可靠性，但存在无法判定边坡变形方向的缺点。

(3)TDR 技术。

TDR 技术用于边坡深部位移监测，可以得到边坡深部的位移与变形的动态变形过程。

TDR 监测系统由脉冲信号发生器、同轴电缆、信号接收器 3 部分组成，如图 6-65 所示。在需要监测坡体上钻孔，将同轴电缆放入钻孔中。对同轴电缆与钻孔之间的空隙用砂浆填充密实，以保证同轴电缆与周围岩土体同步变形。顶端与 TDR 测试仪连接，对边坡深部位移进行监测，如图 6-66 所示。由 TDR 测试仪激发的电脉冲沿同轴电缆以电磁波的形式从地表向下传播，岩土体的位移将使同轴电缆产生局部剪切、拉伸变形，引起同轴电缆局部特性阻抗的改变。电磁波将在这些区域发生反射和透射，并反映于反射信号之中。根据反射信号的返回时间及反射系数大小，确定埋置于边坡中的同轴电缆变形的位置以及变形值，得到岩土体变形及滑动面的位置。

TDR 技术进行边坡深部位移监测，不需要再埋设其他的传感器，具有快捷、方便、经济、定位准确、远程控制及自动化等优点。但是 TDR 技术无法确定边坡滑动变形方向，若电缆变形破坏就很难继续监测深部位移。

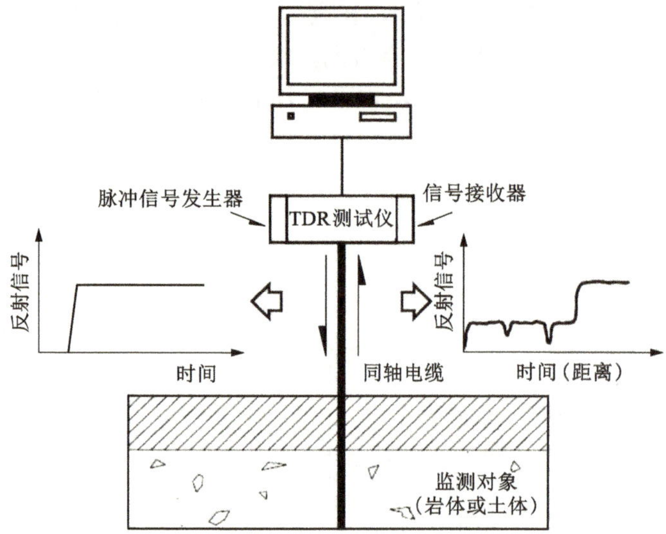

图 6-65　TDR 监测系统的基本原理

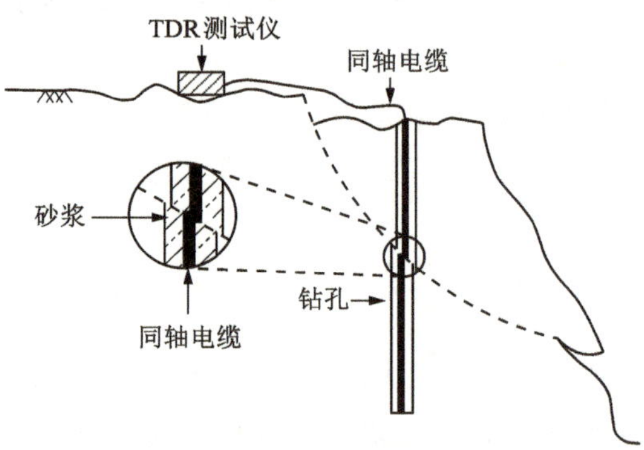

图 6-66　TDR 监测系统的埋设

6.4.5　边坡应力监测

崩塌、滑坡灾害的发生，其本质是岩土体内部应力的变化，而变形是边坡发生崩塌、滑坡的外在表现，是应力变化的结果。边坡变形监测只能在变形之后进行预判，且位移变化滞后于应力变化，很难起到及时有效的预警作用。当大变形位移出现时，灾害已经发生，位移监测失去了其原有的意义。而应力变化的时间超前于变形，通过对边坡的应力进行监测，可以及时获取边坡应力的变化，提高灾害预警预报的及时性和可靠性。边坡应力监测包括岩土体应力监测、支护结构应力监测、锚杆(索)应力监测。

(1)岩土体应力监测。

通过在坡体中埋设土压力计(图 6-67)、光纤压力传感器等监测元件，利用测度仪量测岩土体内部或岩土体与支挡工程之间应力变化及状态(包括量测岩土体应力、滑坡推力等)，以了解边坡稳定程度和发展趋势。

土压力计应具有足够的抗压强度、抗腐蚀性和耐久性，并具有抗震和抗冲击性能。目前常用的土压力计有振弦式、钢弦式、应变式、差动变压式、差动电阻式等结构形式。

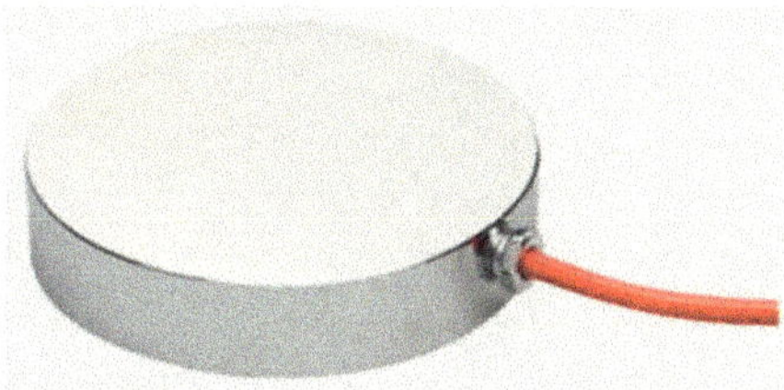

图 6-67　土压力计

在安装前，须对传感器进行封闭性检验和标定，包括压力、温度及初始值标定，确保能正常工作。

根据土压力计的结构形式和埋设部位不同，埋设方法很多，如顶入法、挂布法、钻孔法等。对于钻孔法，钻孔埋设后，填料回填均匀密实，回填材料与周围岩土体性状一致，传感器受力面与结构物表面紧密接触、垂直应力方向，将连接的电缆或光缆引出地面；或在岩石节理裂隙处安装测应力仪器实施监测。采用抗滑桩支挡时，沿抗滑桩的正面和背面受力边界面及不同深度设置土压力计，监测下滑力和抗滑力的大小及分布特征，如图 6-68 所示。

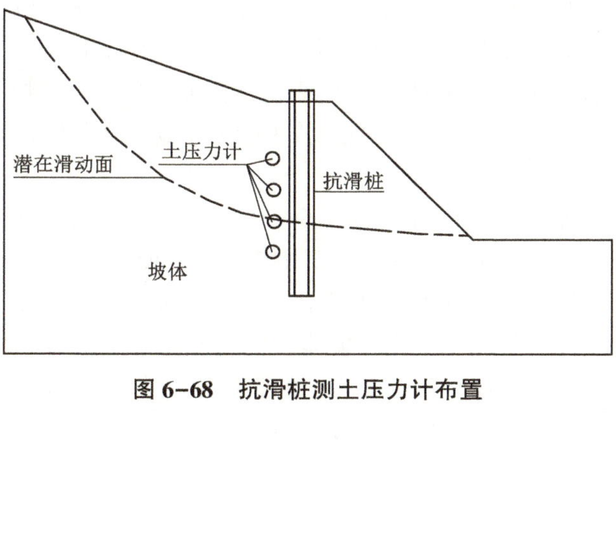

图 6-68　抗滑桩测土压力计布置

(2)支护结构应力监测。

对于边坡采用抗滑桩、挡墙等结构支护时，可选择支护结构应力监测，了解掌握结构的受力状态和加固效果，开展边坡稳定性分析。支护结构主要材料为钢筋混凝土，可采用安装在结构内部或表面埋设应力计来测量。在现场钢筋制作施工时，在主筋上安装钢筋计。

挡墙应力监测点根据挡墙结构、类型等因素进行设置，一般设置在主应力大值分布区；抗滑桩应力监测点在正面受力最大、最复杂的滑动面附近布设钢筋，如图 6-69 所示。

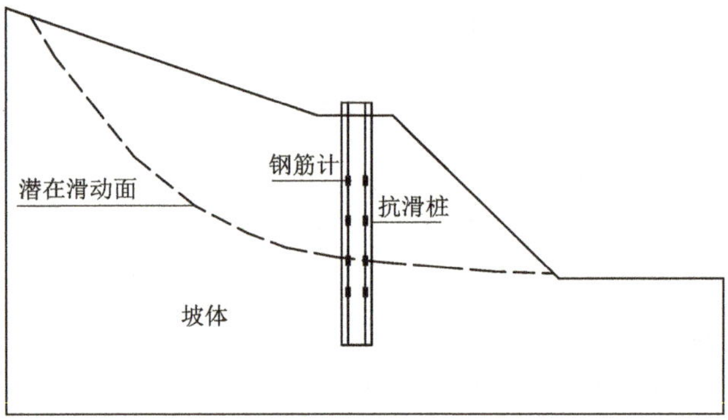

图 6-69　抗滑桩钢筋计布置

(3)锚杆(索)应力监测。

锚杆(索)的拉力和预应力的变化受到边坡变形和内在荷载变化的影响，是边坡变形和荷载变化的直接反应。因此，对锚杆(索)进行应力监测对于锚固工程具有重要意义。一方面可以了解到边坡变形与荷载的变化情况，另一方面可以检验加固工程是否达到预期效果，即根据监测结果对边坡稳定状态作出评价，并根据需要采取适当的补救措施。锚杆(索)应力监测点布置时，应选择有代表性的坡段和不同形式的锚杆(索)进行监测，如边坡主断面、地层复杂位置等。

1)锚杆应力监测。

锚杆应力监测常采用钢筋计，如图 6-70 所示。选择钢筋计时，须考虑与锚杆直径相匹配。钢筋计与锚杆连接可采用螺纹连接或焊接方式。采用焊接连接时，应将锚杆与锚杆应力计的连接杆对中之后采用对接法焊接在一起。为了保证焊接强度，在焊接处须加焊条，并涂沥青，包上麻布，以便与混凝土脱开。为了避免焊接时仪器温度过高而损坏仪器，在焊接过程注意对钢筋计降温。连接好后，锚杆插入锚孔内，检查钢筋计状态合格后，才能进行锚杆注浆。钢筋计安装如图 6-71 所示。

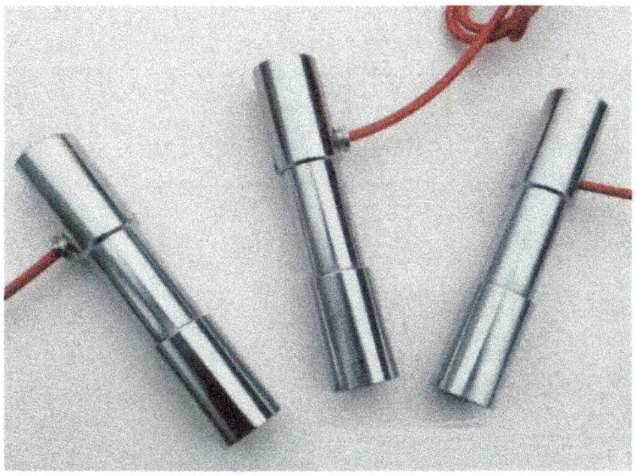

图 6-70　钢筋计

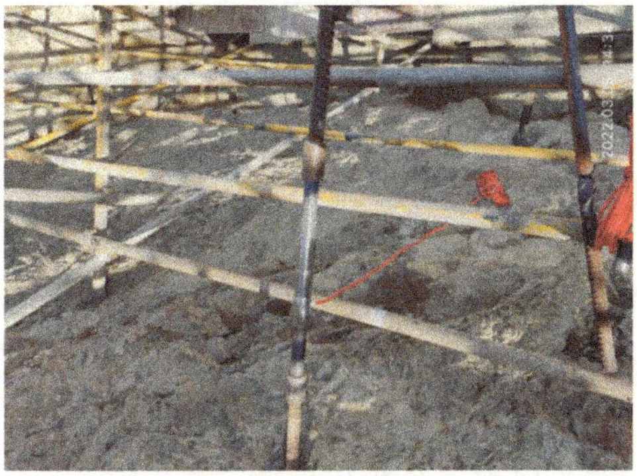

图 6-71　钢筋计安装

2）预应力锚杆（索）应力监测。

对预应力锚杆（索）应力监测，其目的是分析其受力状态、锚固效果及预应力损失情况，必要时可采用补偿张拉或适当卸载措施控制预应力的变化。

预应力锚杆（索）应力监测采用锚索测力计，如图 6-72 图所示。锚索测力计的安装在预应力锚杆（索）张拉锁定前进行，如图 6-73 图所示。

安装时，先将预应力锚杆（索）穿过锚索测力计中心孔。然后锚索测力计安装在锚固垫座（锚板）上，锚索测力计安装在锚板与锚垫板之间，保证使三者同轴。锚索测力计受力面应与监测压力方向一致。现场安装发现安装不平稳须进行调整。锚索计安装完后检查是否处于正常工作状态，在预应力加载前读取并记录初始读数。

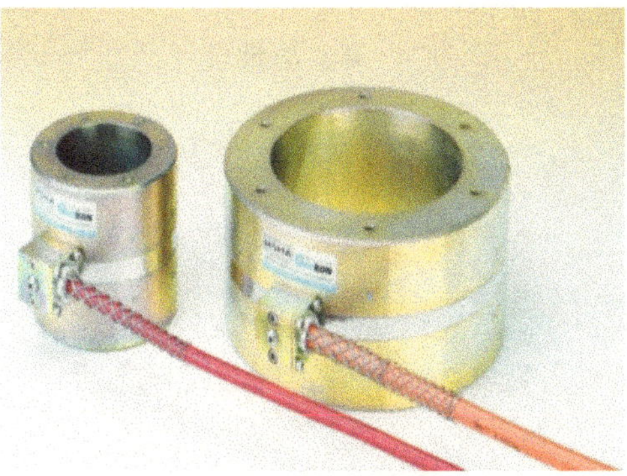

图 6-72　锚索测力计

图 6-73　锚索计安装

6.4.6 边坡地下水监测

地下水与边坡失稳密切相关，是边坡失稳的主要诱发因素。一方面，地下水导致边坡岩土体含水量增加，降低岩土体的强度参数；另一方面，通过静水压力、动水压力、浮托力作用，岩体变形，降低了边坡的稳定性甚至引起失稳破坏。

在地下水活动强烈的地区，边坡地下水监测是一项重要的监测内容。通过在边坡坡体的不同部位，在代表性区域布设地下水水位监测点和孔隙水压力监测点，可掌握地下水位及孔隙水压力的动态变化，分析地下水与降雨的关系，以及时采取必要的避灾措施，降低边坡失稳的损失。

(1)地下水水位监测。

地下水水位监测采用钻孔内设置水位管的方法测试，如图 6-74 图所示。含水层多层时分层测量，水位管的滤管位置和长度与被测含水层位置和厚度一致，被测含水层与其他含水层采取有效的隔水措施；水位管安装时确保导管段应顺直，内壁应光滑无阻，接头应采用外箍接头；监测孔孔底应设置沉淀管，成孔后进行洗孔，观测孔内水位与地层水位保持一致，且连通性较好。

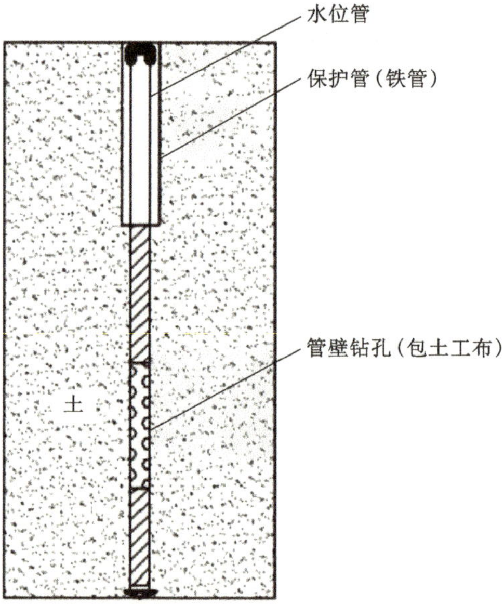

图 6-74 水位管埋设

监测仪器可采用测绳、水位计或压力表等进行量测。水位监测应从固定点量起，并应将读数换算成水位埋深及标高。

(2)孔隙水压力监测。

孔隙水压力监测采用钻孔法埋设孔隙水压力计，垂直钻孔、孔内应无沉淤和稠浆；埋设时，自下而上依次进行，依次以中粗砂封埋测头，以膨润土干泥球逐段封孔，回填料、封孔料应分段捣实；孔隙水压力计浸泡饱和，排除透水石中的气泡后封口；安装孔隙水压力计的过程中应随时检查孔隙水压力计的状态，发现测头与连接电缆损坏及时更换。

图 6-75 振弦式孔隙水压力计

边坡工程监测中常用的孔隙水压力计主要为封闭式，分为电测式(振弦式、电阻式、差动变压式等)和流体压力式(液压式、气压式等)孔隙水压力计。

6.4.7　边坡工程监测预报

边坡监测预警控制标准根据已有的同类工程成熟经验确定。无相关工程经验时，若符合下列条件之一的情况，应启动报警。

(1)边坡岩土体连续三次变形加速度大于零时。

(2)地表裂缝、土压力、地下水位等监测指标佐证边坡岩土体性状出现异常变化，且连续两次变形加速度大于零时。

(3)有软弱外倾结构面的岩土边坡支护结构坡顶有水平位移迹象或支护结构受力缝隙有发展，无外倾结构面的岩质边坡或支护结构构件的最大裂缝宽度达到国家现行相关标准的允许值；土质边坡支护结构坡顶的最大水平位移已大于边坡开挖深度的 1/500 或 20 mm，以及其水平位移速度已连续 3 d 大于 2 mm/d。

(4)土质边坡坡顶邻近建筑物的累计沉降量、不均匀沉降或整体倾斜已大于现行国家标准《建筑地基基础设计规范》(GB 50007—2011)规定允许值的 80%，或建筑物的整体倾斜度变化速度已连续 3 d 每天大于 0.00008。

(5)坡顶邻近建筑物出现新裂缝、原有裂缝有新发展。

(6)支护结构中有重要构件出现应力骤增、压屈、断裂、松弛或破坏的迹象。

(7)边坡底部或周围岩土体已出现可能导致边坡剪切破坏的迹象或其他可能影响安全的征兆。

第 7 章　工程实例

7.1　某高速公路 K278+600 滑坡分析与防治

7.1.1　工程概况

(1)原边坡情况。

该滑坡发生于某高速公路路堑边坡，边坡里程桩号为 K278+269～K278+586；最大坡高约 54 m，六级放坡，坡率分别为 1∶0.75、1∶0.75、1∶1、1∶1、1∶2、1∶2。据相关资料显示：自下而上该第 5 级边坡曾局部坍塌，第 4 级边坡局部出现变形和护坡的脱落等现象，后经削坡减载处治。现状边坡主要采用浆砌片石护面墙进行防护，局部区段坡脚设置挡土墙。滑坡主体主要发生在该边坡靠大里程侧及边坡外围斜坡(图 7-1)。其中靠大里程侧边坡采用护面墙防护，外围斜坡未采取防护措施，种植有茶树。

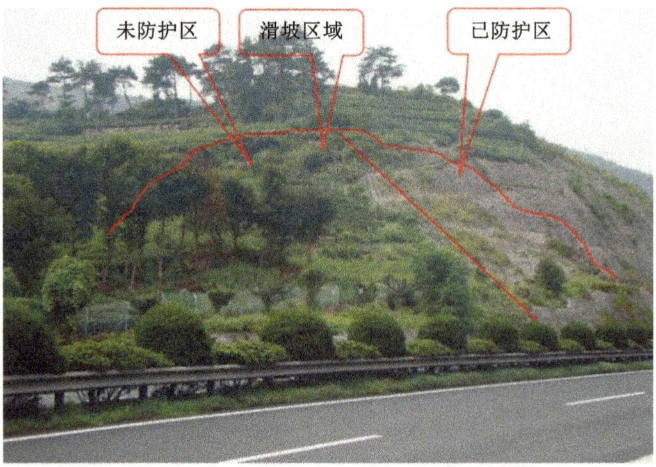

图 7-1　某高速公路 K278+600 滑坡区域全景照

(2)滑坡基本特征。

该滑坡滑移特征明显，主要表现为：滑坡后缘分布一条主裂缝，裂缝呈折线形，并在局部地段形成滑坡壁，倾角约 80°，高度 0.5~1.0 m，滑坡壁物质组成以残坡积为主(图 7-2、图 7-3)；滑坡体两侧发育有剪切及鼓胀裂缝，表现为在左侧(北东侧)明显发育，右侧(南西侧)少有发现，裂缝延伸 3~7 m，宽 2~5 cm，受剪切裂缝影响，边坡截水沟底已出现剪断错位及局部侧壁呈剪切破损(图 7-4、图 7-5)。滑坡前缘及中部发育有鼓胀裂缝，主要表现在：第二级护面墙靠第一级平台沿口处鼓胀裂缝发育，护面墙明显鼓胀隆起(图 7-6)；第五级护面墙局部有勾缝脱落、块石松动及鼓胀隆起现象；第二级平台亦发现有开裂现象(图 7-7)。

图 7-2　滑坡后缘主裂缝

图 7-3　滑坡后缘滑坡壁

图 7-4　截水沟底剪断错位

图 7-5　截水沟侧壁剪切破损

滑坡范围沿公路方向宽约100 m，纵向沿坡面长约85 m，面积约3000 m^2。滑坡区处于构造剥蚀低山丘陵地带，山脉呈西南-东北延伸，南西高，向北东渐低。该滑坡属于老滑坡复活，初步估算方量约15000 m^3，属小型滑坡。

图7-6 护面墙明显鼓胀凸起

图7-7 第二级平台裂缝发育

(3)地质概况。

1)气象、水文。

工程区属亚热带季风气候区，多年平均气温16.4℃，极端最高气温40.7℃，极端最低气温-10.1℃；多年平均年降水量1304.5 mm，最大年降雨量1712.2 mm，雨量集中在5~6月份及8~9月份，蒸发量为800~1000 mm，相对湿度约80%，无霜期为200天以上；风向以西北风为主，夏季以东南风为主。

强冷空气、热带风暴及台风为主要的灾害性天气，常带有狂风、暴雨等。特别是台风，常常带来较集中的特大降雨，导致短时水量充盈，对边坡的稳定十分不利。

2)地形地貌。

滑坡区处于构造剥蚀低山丘陵地带，山脉呈西南-东北延伸，南西高，向北东渐低。滑坡区高程一般为270~305 m，滑坡区后方山脊较高处高程约为327 m。滑坡体自然坡度一般为15°~25°。滑坡下方为高速公路。自然斜坡植被茂密，主要为种植的茶树。

3)地层岩性。

本工程区涉及的主要地层如下所述。

①前第四纪地层。

3-1层全风化砾岩(J3d)：褐黄色，局部紫红色，局部绿泥石化严重；岩芯主要呈碎块、角砾状，碎块、角砾风化较严重，敲击易碎；岩石矿物基本风化，局部夹强风化状碎块石，铁锰质渲染严重。

3-2 层强风化砾岩(J3d)：灰褐、紫灰、紫红色，块状构造；岩芯多呈短柱、碎块状，岩芯表面稍粗糙，局部表面见小孔洞，节理裂隙发育，铁锰质渲染；岩质较硬，敲击声较脆，原岩结构清晰可辨。

3-3 层中等风化砾岩(J3d)：紫红色，块状构造，岩质坚硬，敲击声脆，节理裂隙较发育，沿裂隙风化程度稍强，敲击不易碎；岩芯多呈柱状、短柱状，少数碎块状，岩芯裂隙倾角多大于 70°，少数 40°~50°，铁锰质侵染少，RQD 一般 50%~65%，该层厚度一般大于 5 m。岩体整体由较破碎至较完整，岩体基本质量等级为Ⅲ级，局部Ⅳ级。

②第四纪地层。

1-0 层素填土(mlQ)：主要分布在边坡区表部，灰色，成分主要为块石、碎块石，充填黏性土、砂颗粒等；表部为混凝土，混凝土厚度一般 5~10 cm，素填土厚度一般 0.5~1.5 m。

1-1 层含砾砂粉质黏土(el-dlQ)：棕红色，厚层状，可塑，表部为 20~30 cm 耕植土，植物根系较多；含角砾、碎石 10%~15%，角砾、碎石一般呈全风化状，手掰易散成砾砂状；局部风化成黏性土，主要分布在山体未卸土地段表部及滑坡后缘，钻孔揭露厚度一般为 1.5~2.1 m。

2 层含黏性土砾砂混含砂粉质黏土(elQ)：黄褐色为主，局部灰白色，局部夹灰蓝色黏土；厚层状，稍密至中密，为残积土；成分以碎石、角砾为主，碎石、角砾风化十分严重，多为全风化状，风化成砂砾状；岩芯易碎散，铁锰质渲染严重；黏性土含量为 15%~25%，土质十分不均，局部黏性土含量较高，为含砂粉质黏土。该层滑坡体均有分布，厚度变化较大，滑坡体后缘分布较厚；滑坡体前缘因早期公路切坡施工和老滑坡卸土等原因，分布相对较薄。

4)地质构造。

测区所处的构造单元为华南褶皱系——浙东南褶皱带——丽水-宁波隆起——新昌-定海断隆。地质构造的基本特征以断裂构造为主，主要有 NE 向、NNE 向、EW 向和 NW 向四组不同走向断裂。其中以 NE 向和 NNE 向两组走向断裂最为发育，成带出现。EW 向、NW 向次之，它们控制了区内次一级断裂的发育和地貌形态的形成。

区域地壳稳定性如下。

①根据地震台站的历史统计及近期监测资料，场地邻近地区地震绝大多数为微震、弱震，震级小，频率低。附近地区近期发生的地震都是小于 2 级的微震。

②场区地震动峰值加速度 $\leqslant 0.05g$，抗震设防烈度为Ⅵ度，处于非抗震设防区。

③区域地壳稳定性评价：区域地壳稳定性属稳定类型。

5)水文地质条件。

地下水可划分为松散岩类孔隙水、基岩裂隙水。

松散岩类孔隙水主要为孔隙潜水，赋存于山体表部含砾砂粉质黏土和含黏性土砾砂混含砂粉质黏土层中，主要接受大气降水补给。山体表部残积土结构较松散，孔隙度较大，渗透性较好(弱~中等)，大气降水能快速向下渗流，直接补给地下水。另外，由于山体坡度较陡，地下水向下渗流一般较快。该类型水水量一般较小，仅在滑坡区土层较厚处，有一定含水。松散岩类孔隙水主要通过蒸发、植物蒸腾、下渗及沿坡体坡脚向外渗流(泉)等方式排泄。

基岩裂隙水主要赋存于基岩裂隙中，受岩体裂隙发育状况控制，分布不连续，水量较小。基岩裂隙水主要接受上部松散岩类孔隙潜水下渗补给，由高处向低处流动。由于节理裂隙连通性较差，其径流较差。局部沿裂隙密集带或断层带下渗。

地下水对混凝土结构具微腐蚀性；对钢筋混凝土结构中的钢筋具微腐蚀性。

7.1.2 滑坡成因

本滑坡以堆积层(土质)滑坡为主，主要表现为残坡积层的浅表层滑坡，主要破坏模式为土层沿基覆面的平面滑动。

滑坡体形成机制内因包括地形地貌、地层岩性、构造、水文地质等因素。外因包括人类工程活动、灾害性天气等。据现场踏勘及结合室内资料分析，综合类似工程案例，导致该滑坡病害产生主要有以下几个方面。

(1)地形地貌因素：本滑坡地形地貌上属构造剥蚀低山丘陵地貌类型，位于山体斜坡上，自然坡面坡度为15°~25°，呈上陡下缓形态。滑坡处两侧地势相对较高，滑坡段地处山体的低洼地带，地势较低，坡度较缓，容易形成地表水的汇集区。

(2)工程地质因素：本场地坡体为第四系残积土含砾砂粉质黏土层以及含黏性土砾砂混含砂粉质黏土层，其力学性质差，结构松散，大气降水易于下渗，粉粒含量较高的黏性土遇水易软化，抗剪强度低。下部基岩性质好，风化层顶部透水性差，形成了一个相对阻水面。

(3)人类工程活动：人类活动对滑坡区的影响较为明显，是滑坡产生的主要诱发因素之一。主要表现在两个方面：一方面是对山区自然斜坡面的改造作用，即种植了大量茶树改变了坡体的自然形态和重力分布，导致坡体原生植被的破坏；增加了地表水的入渗，妨碍了坡面物质的自然流动。另一方面，高速公路的修建，在自然坡体下方坡脚处大量开挖边坡，形成坡体下部临空，破坏了原坡体的应力分布，为坡体下滑提供了空间，直接诱发了滑坡的形成。据相关单位人员介绍，在边坡施工期间，该滑坡曾出现滑移。当时对滑坡进行了削坡减载治理，但处治并未彻底。在滑坡后缘形成 2~4 m 高的陡坎，使得地形地貌呈两侧相对较高，中间较低的凹坑状，易形成汇水区；同时滑坡后缘上部主要以含砾砂粉质黏土为主，遇水容易产生弱化。

(4)水文气象：水对边坡岩土的作用，是形成滑坡的重要条件。该工程区台风等活动较多，雨量充沛，当地表水渗入滑体后，不但增大了滑体的下滑力，还迅速改变了岩土体的性质，增加了滑体的重度，降低其抗剪强度，起到润滑剂的作用，有利于滑体下滑。台风或强降雨期间，降雨量急速增大，斜坡内水压力激增，其抗剪强度降低，是滑坡发生的另一个主要诱发因素。据相关单位人员介绍，该滑坡发现滑移潜在病害前，该地区曾有持续的大到暴雨天气。降水渗入坡体并在潜在滑带聚积，软化了滑带岩土体，增高了地下水水位和滑带土的孔隙水压力，减小了其抗剪强度和阻滑力，滑体饱水增加了滑体重力和下滑力；已开裂的坡体裂缝中灌水还可产生静水压力，促使滑坡呈加剧破坏演化。

7.1.3　滑坡防治

根据滑坡病害形态及各区段具体情况，设计方案如下。

(1)已防护区(约 K278+500-530 段护面墙防护区域)

1)抗滑挡土墙：在第一级平台设置一道抗滑挡土墙进行支挡。挡土墙采用片石混凝土浇筑，混凝土等级为 C25；片石强度等级不小于 MU40，片石掺入量占总体积的 20%；挡土墙基础埋深 1.0 m，挡墙高 6.6 m。

2)回填反压：在抗滑挡土墙后与原浆砌片石护面墙之间空隙采用 M10 浆砌片石进行回填反压。

3)预应力锚杆：预应力锚杆间距均为 3.0 m(水平)×2.5 m(垂直)，方形布置，其主要布置为在抗滑挡土墙面上布置 2 排预应力锚杆(锚墩式)；在第三级护面墙上布置 2 排预应力锚杆(格构式)。

4)格构梁：在第三级护面墙上采用方形格构梁作为锚杆传力机构，格构梁节点处布置锚杆，断面尺寸 400 mm×500 mm；混凝土强度等级为 C30；每四跨设置一道伸缩缝，缝宽约 20 mm。

5)仰斜排水孔：在抗滑挡土墙和第三级护面墙各布置一排仰斜排水孔，排水孔水平间距 3.0 m，仰斜排水孔布置在格构方格中间位置，仰角 7°。

Ⅰ型排水沟：在抗滑挡土墙前缘布置一道排水明沟。

(2)未防护区(约 K278+530-600 外围斜坡)。

1)抗滑桩：在滑坡前缘设置抗滑桩进行处治。共设 6 根，桩断面尺寸为 1.5 m×2.0 m；桩身混凝土强度等级为 C30；桩中心间距 5 m。抗滑桩顶部设置联系梁连接。

2)Ⅱ型排水沟：在抗滑桩后缘设置一道排水沟，使该排水沟与原边坡排水系统良好衔接。

滑坡平面、剖面图及防治完成后照片如图 7-8~7-10 所示。

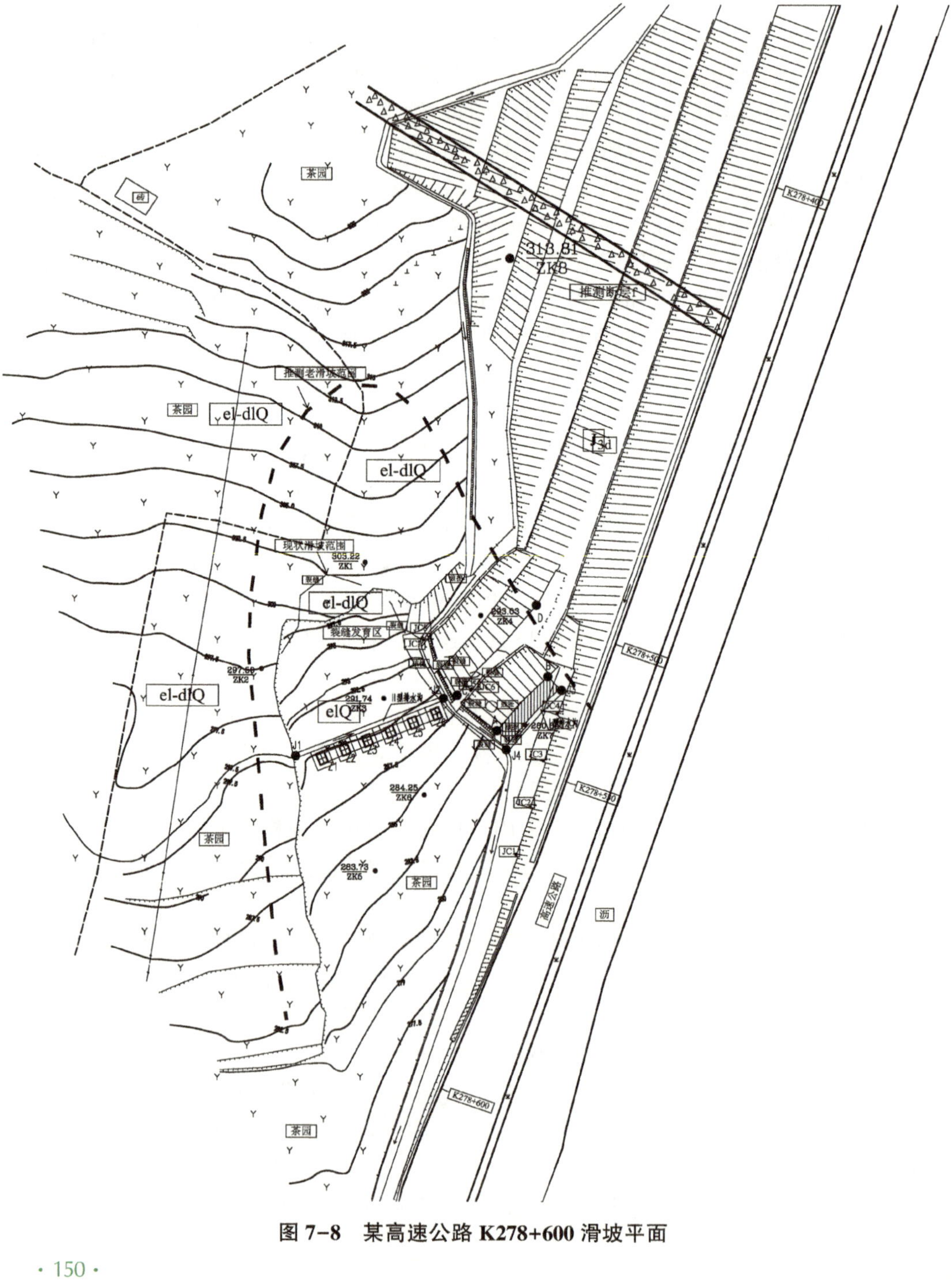

图 7-8 某高速公路 K278+600 滑坡平面

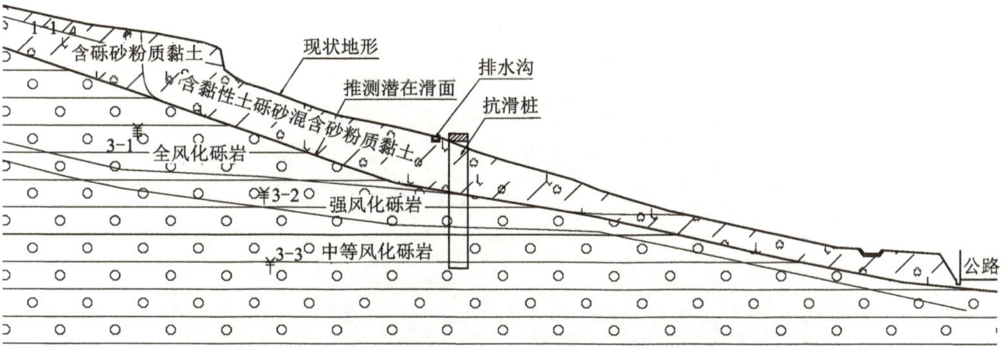

图 7-9　某高速公路 K278+600 滑坡剖面

图 7-10　滑坡防治完成后照片

7.2　某高速公路 K270+700 边坡崩塌分析与防治

7.2.1　工程概况

(1)原边坡情况。

本工程为某高速公路路堑边坡(图 7-11)，边坡里程桩号为 K270+670～K270+725。该边坡长约 55 m，坡高约 25 m，综合坡率 1∶0.3。坡面不规整，超挖与欠挖现象较普遍。建设期边坡主要采用锚喷支护，运营期对喷砼面采用主动网防护处理。

图 7-11 某高速公路 K270+700 边坡全景

(2)崩塌基本特征。

养护工作人员在例行巡查时发现该边坡坡顶及坡面出现裂缝(1#裂缝),延伸6~7 m,宽约6 cm,深约2.5 m(图7-12)。其与边坡走向大致平行,原喷砼面裂缝不断发展并贯通,同时出外鼓现象,引起管养单位高度重视,立即开展应急治理。

在应急治理实施过程中,发现边坡坡顶另发育一条裂缝(2#裂缝)。该裂缝穿越坡顶截水沟,延伸长度约35 m,裂缝宽10~15 cm,深度约2.5 m(图7-13)。其与边坡走向呈大角度相交,并向坡顶后缘延伸。

图 7-12 1#裂缝

图 7-13 2#裂缝

桩号K270+690~K270+718段边坡原喷砼面裂缝有所发展并贯通,同时出现开裂外鼓现象,可见深度达30~40 cm(图7-14)。坡面防护系统GPS2型主动网支撑绳已出现受力绷紧现象。

桩号 K270+690~K270+700 段边坡坡脚有锚喷体鼓胀开裂现象(图 7-15)。

图 7-14　坡面锚喷体开裂

图 7-15　坡脚鼓胀开裂

(3)地质概况。

1)气象水文。

工程区属亚热带季风气候区，多年平均气温 16.4℃，极端最高气温 40.7℃，极端最低气温-10.1℃；多年平均年降水量 1304.5 mm，最大年降雨量为 1712.2 mm，雨量集中在 5~6 月份及 8~9 月份，蒸发量为 800~1000 mm，相对湿度约 80%，无霜期为 200 天以上；风向以西北风为主，夏季以东南风为主。

强冷空气、热带风暴及台风为主要的灾害性天气，常带有狂风、暴雨等。特别是台风，常常带来较为集中的特大降雨，导致短时水量充盈，对边坡的稳定十分不利。

2)地形地貌。

边坡位于高速公路右侧，为前期修建公路时形成的人工岩质边坡。地貌类型属于低山丘陵区的构造-剥蚀低丘陵区单元。边坡走向 N10°W，倾向 NE。坡面形态呈陡崖状，且不规整，超挖与欠挖现象较普遍。

3)地层岩性及地质构造。

根据施工期间勘探结果，工程场地的覆盖层主要为含黏性土碎石，厚度 0.5~1.7 m。基岩共分两大类，K270+670~695 段主要以砾岩、凝灰质砂岩为主，强~中风化，强风化层厚 1~4 m；K270+695~725 段主要以凝灰岩为主，强~中风化，强风化层厚 1~3 m。场地分布勘察范围内地层可分为 3 个工程地质层，6 个工程地质亚层，1 组夹层，自上而下分为如下几部分。

1 含黏性土碎石：黄褐色，中密~密实；碎石含量为 50%~70%，直径 3~20 mm，局部 40 mm 左右，呈棱角状，以中风化基岩为主；厚度 0.5~1.7 m。

a 层：该层为基岩的结构面软弱夹层，颜色为褐黄色，灰绿色；厚度 3～50 mm，性质差，多夹杂全～强风化基岩碎块。

2-1 强风化砾岩：紫红色；组织结构大部分破坏，呈碎块状；节理裂隙发育，小块用手可掰开，差异风化强烈，局部夹少量全风化基岩；可见厚度 1～4 m。

2-2 中风化砾岩：浅肉红色；砾状结构，块状构造，颗粒多为 3～10 mm 圆状颗粒；主要矿物成分有石英、长石和一些褐铁矿矿屑；胶结物主要为有铁质、多呈红色、褐红色；完整性相对较好，岩芯呈短柱状。

2-3 中～微风化砂岩：紫红色；砂状碎屑结构，层状构造；主要矿物成分有石英、长石、云母和一些岩石碎屑；填隙物包括铁钙质胶结物和碎屑杂基两种组分；完整性好，勘探岩芯呈柱状。

3-1 强风化玻屑凝灰岩：灰黄色、灰色；组织结构大部分破坏，大部分呈碎块状，局部为破裂状；节理裂隙发育，节理面蚀变后一般呈浅绿色；矿物成分显著变化，以长石为主；小块用手可掰开，差异风化强烈，局部夹全风化基岩；可见厚度 1.5～3 m。

3-2 中风化玻屑凝灰岩：灰色；熔结凝灰结构，块状构造；岩石主要由火山灰、微量石英、玻屑等组成，玻屑含量小于 10%，主要为玻璃质，凝灰质胶结；岩石坚硬，厚层状；完整性较差，节理裂隙发育；岩石致密坚硬，锤击声脆；勘探岩芯呈碎块、短柱状。

工程区大地构造单元为华南褶皱系（Ⅰ2），浙东南褶皱带（Ⅱ3），丽水-宁波隆起（Ⅲ7），新昌-定海断隆带（Ⅳ9）内。构造体系上位于北东向的丽水-余姚深断裂与孝丰-三门湾大断裂交汇地带，属新昌-回山簸箕式断拗盆地。该边坡在 K270+695 附近分布有一产状为 165°∠70°的构造破碎带，宽度 0.5～3.0 m，主要由黏性土混全～强风化岩石组成。边坡主要发育有四组结构面，具体见表 7-1。

表 7-1　结构面统计

结构面产状/(°)	间距/cm	延伸/m	张开度	充填
30∠70	20～150	>5	微张	蚀变岩质充填，填充物已经风化成砂状或者土状
165∠70	100～150	>5	微张	蚀变岩质充填，填充物已经风化成砂状或者土状
260∠65	50～150	3～4	闭合	无填充
90∠60	仅局部发育			

4) 水文地质条件。

本工程边坡所处位置为丘陵区，场区附近地表水系不甚发育；发育的水系以山间小溪为主，源短流急，水位、流量变幅大；主要接受大气降水补给，雨季流量较大，干旱季节常干涸断流。

7.2.3 崩塌成因

本崩塌以岩质崩塌为主，主要破坏模式为危岩沿结构面滑移剪出的滑移式崩塌。

根据边坡变形破坏特征，把该边坡分为两个不稳定块体进行分析，分别为 1#裂缝不稳定块体和 2#裂缝不稳定块体。

(1) 1#裂缝破坏模式分析。

根据赤平极射投影图分析(图 7-16)，结构面 30°∠70°，165°∠70°及 90°∠60°在不稳定区域(图中阴影区域)内相交。结构面 90°∠60°为顺坡向节理，倾角小于坡角，易产生楔形体和顺层滑移破坏，边坡岩体结构类型属于不稳定类型。

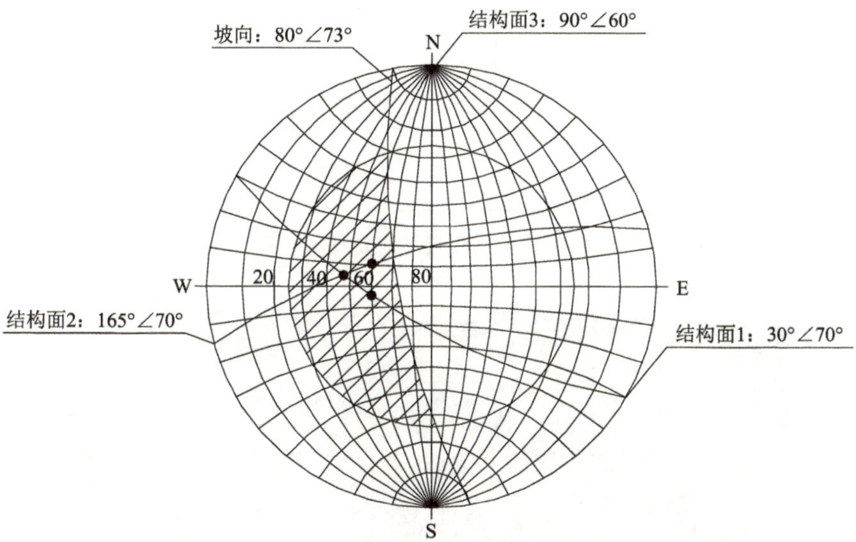

判定：岩体结构不稳定

图 7-16 1#裂缝赤平极射投影

结合现场地质揭露情况，1#裂缝不稳定块体破坏类型主要以结构面 30°∠70°，165°∠70°及 90°∠60°切割产生的不规则四面体沿顺层结构面 90°∠60°发生滑动，如图 7-17~图 7-19 所示。

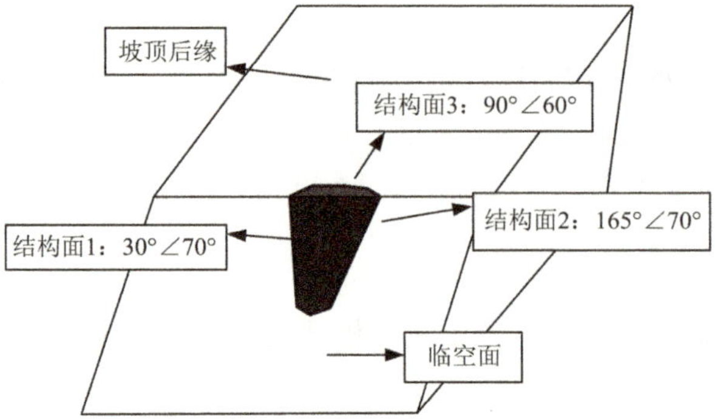

图 7-17 1#裂缝不稳定块体失稳

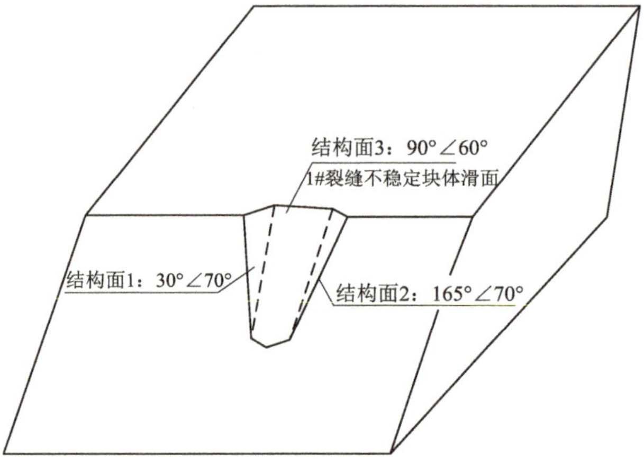

图 7-18 1#裂缝不稳定块体滑面

图 7-19 1#裂缝不稳定块体

(2)2#裂缝破坏模式分析。

根据赤平极射投影图分析(图 7-20)，结构面 30°∠70°，165°∠70°在不稳定区域内相交，易产生楔形体破坏，边坡岩体结构类型属于不稳定类型。

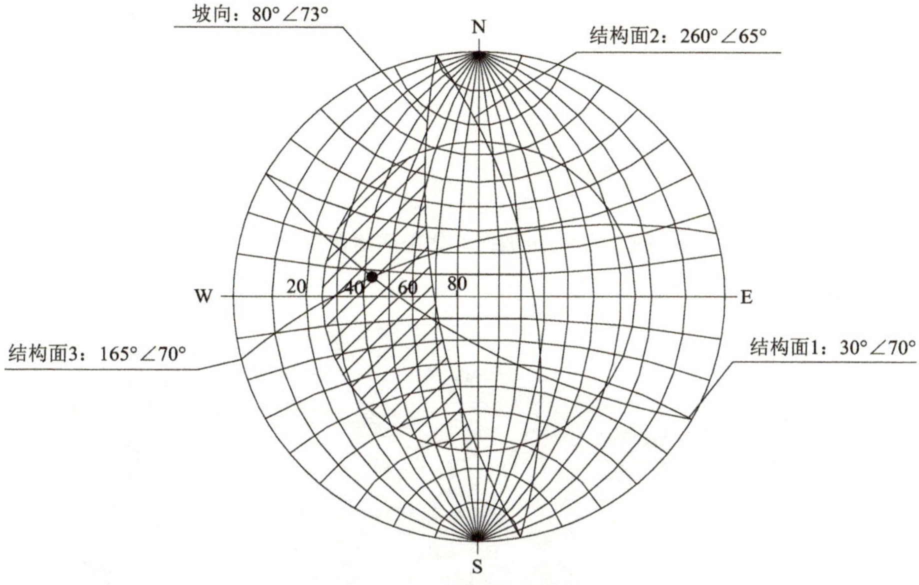

图 7-20　2#裂缝赤平极射投影

结合现场地质情况揭露情况，2#裂缝不稳定块体破坏类型主要以结构面 30°∠70°和 165°∠70°相交产生的楔形体失稳破坏，如图 7-21～图 7-23 所示。

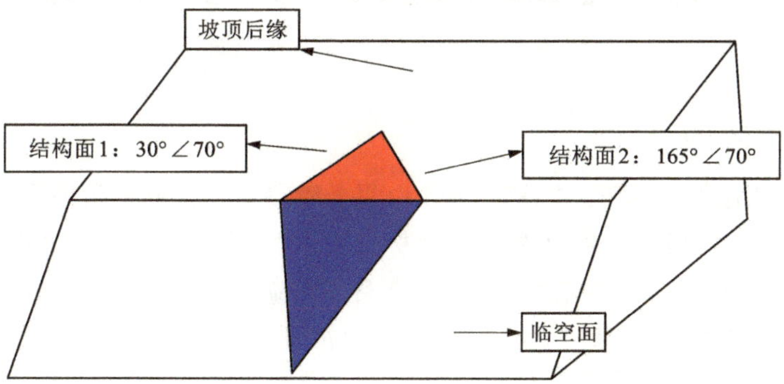

图 7-21　边坡楔形体失稳

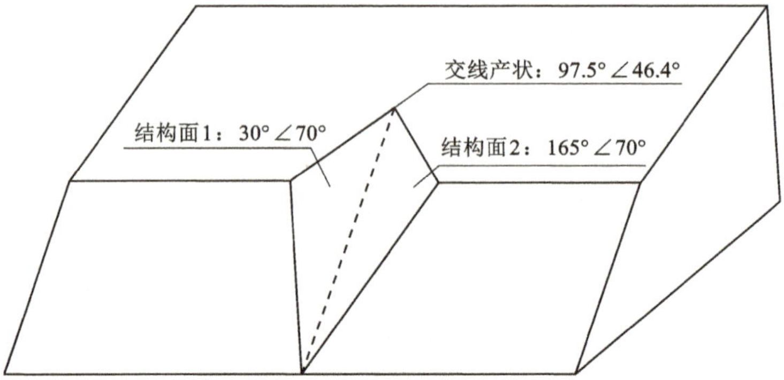

图 7-22　边坡楔形体破坏组合交线

图 7-23　边坡楔形体破坏临空面

7.2.3　崩塌防治

遵循永临结合的原则，本次防治分为两个阶段：应急抢险阶段和永久性治理阶段。应急抢险阶段以保畅通为主要目标，采用“清除危岩+削方卸载”进行应急治理。永久治理阶段采用“清坡+裂缝砼封闭+预应力锚索+锚杆+局部格构梁+挂网喷砼+挡墙+排水+平台砼封闭”等进行综合治理。

(1)应急抢险阶段治理方案。

该阶段优先采用卸载的原则，有效减小坡体的潜在下滑力和潜在的危岩体。同时，在坡顶增设监测点，并由专人值守不间断监测，时时掌握边坡变形情况。

图 7-24 为应急抢险阶段剖面。

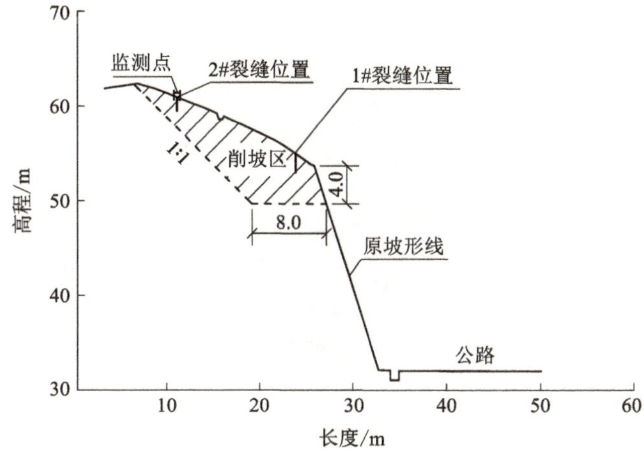

图 7-24 应急抢险阶段剖面

(2)永久治理阶段。

具体分三个区域进行治理，治理立面如图 7-25 所示。

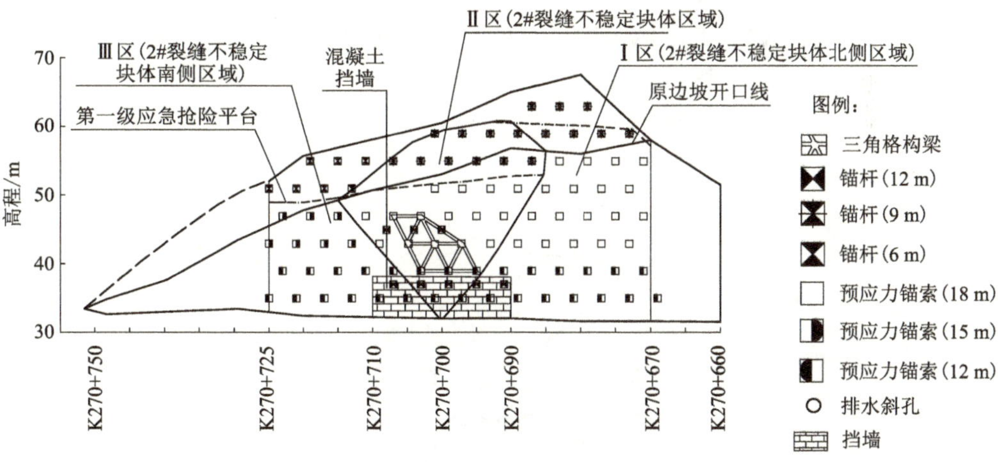

图 7-25 永久治理阶段立面

1) Ⅰ区(2#裂缝不稳定块体北侧区域)：采用清坡、预应力锚索、锚杆、挂网喷砼、地下排水工程措施进行综合治理(图 7-26)。

2) Ⅱ区(2#裂缝不稳定块体区域)：采用清坡、裂缝砼封闭、预应力锚索、锚杆、局部格构梁、挂网喷砼、挡墙、地表排水、平台砼封闭工程措施进行综合治

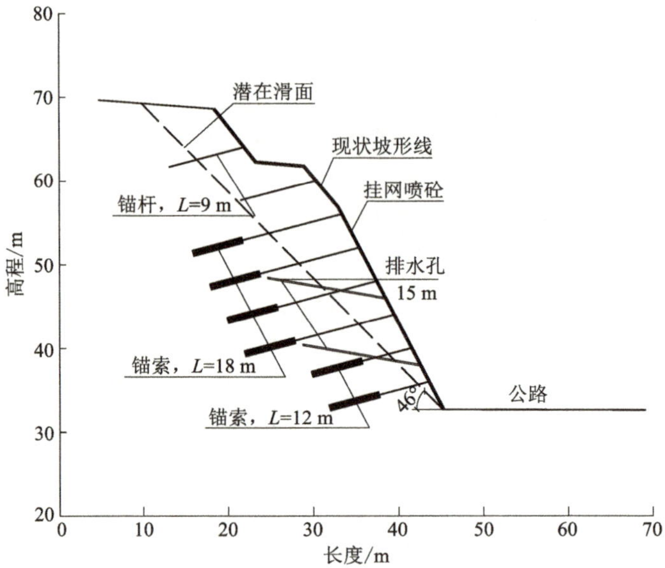

图 7-26　I 区治理设计剖面

理。具体布设为：第一级应急抢险平台以下区域采用预应力锚索、全黏结锚杆、局部三角格构梁加固，坡脚设置 6 m 高的钢筋混凝土挡墙支撑 2#裂缝悬空块体；第一级应急抢险平台以上区域采用全黏结锚杆加固；对清坡处理后的全坡面进行挂网喷砼防护处理(图 7-27)。

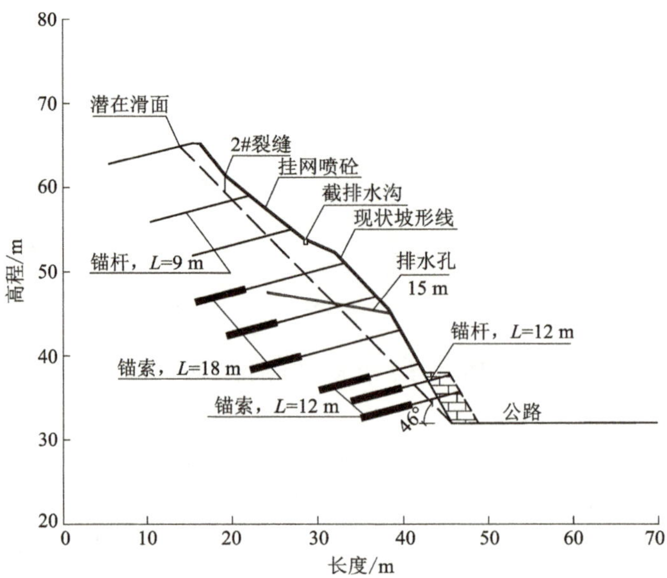

图 7-27　II 区治理设计剖面

3) Ⅲ区(2#裂缝不稳定块体南侧区域)：采用清坡、预应力锚索、锚杆、挂网喷砼、排水、平台砼封闭工程措施进行综合治理(图 7-28)。

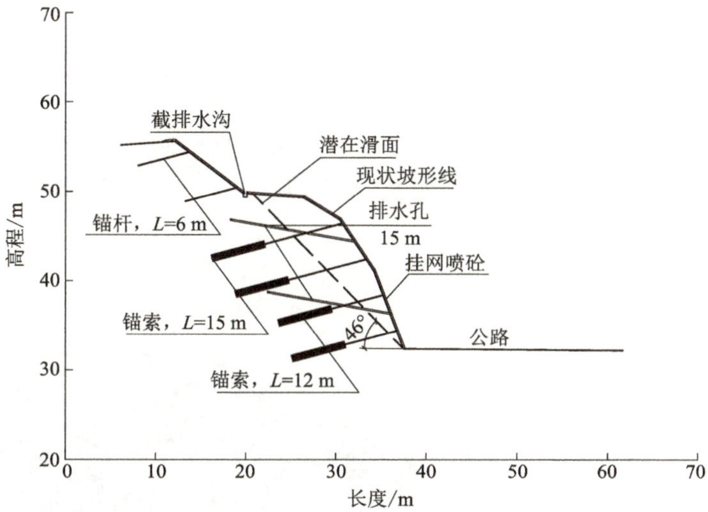

图 7-28　Ⅲ区治理设计剖面

边坡崩塌防治完成后照片如图 7-29 所示。

图 7-29　边坡崩塌防治完成后照片

7.3 某高速公路 K1527+650 边坡坍塌分析与防治

7.3.1 工程概况

(1)原边坡情况。

某高速公路边坡里程桩号为 K1527+400～K1527+750，坡高约 60 m。六级放坡，坡率分别为 1∶0.43、1∶0.76、1∶1.1、1∶1.1、1∶1.3、1∶1.27。坡面采用浆砌块石护面墙护坡(图 7-30)。

图 7-30　原边坡全景照

(2)坍塌基本特征。

受 2012 年 11 号强台风“海葵”强降雨影响，该边坡 K1527+650 处发生坍塌。坍塌区域呈下窄上宽倒三角形，方量约 1500 m^3。坍塌体以表层坡洪积及残坡积层的含碎石粉质黏土和全～强风化层基岩为主，并夹杂有被破坏的护面墙块石。

坍塌段边坡分四级放坡，自下而上坡高分别为 10 m、10 m、2 m、6 m，平台宽度分别为 1.5 m、1.5 m、8 m。本次垮塌范围沿公路方向长约 30 m，高约 20 m，纵向深度约 10 m。地处山体的沟谷地带，地势较低，坡度较缓，覆盖层较厚，两侧为山脊，地势相对较高。现场调查期间坍塌坡面渗水严重，时有小坍塌发生，坍塌沿口处有裂缝发育。在强降雨等因素的影响下，有再次发生坍塌的可能(现场照片如图 7-31～图 7-36 所示)。

图 7-31　坍塌段边坡全景

图 7-32　坍塌体

图 7-33　坡体渗水严重

图 7-34　坍塌沿口处可见裂缝发育

图 7-35　坍塌处后缘

图 7-36　正在清理的坍塌段坡面

抢险阶段主要清除坍塌体及坡面松散体，做好中央隔离带防护措施，保证单幅高速公路的开通。经过1天的时间抢险，恢复单幅双向通车。经过约3天的抢险，堆积在道路上的坍塌体及坡面松散体大部分已清除完毕，并对坍塌段边坡设置SNS主动防护网进行临时防护。现场情况如图7-37～图7-38所示。

图7-37　高速公路单幅双向通车

图7-38　主动网临时防护措施

(3)地质概况。

1)气象、水文。

工程区属亚热带季风气候区，多年平均气温16.2℃，极端最高气温39.7℃，极端最低气温-9.6℃；多年平均年降水量1400.9 mm，年最大降水量1628.8 mm，最大24小时降水量385.6 mm，最长连续降水日数17天，最大过程降水量749.2 mm，降雨多集中于5～6月的梅雨期和8～10月的台风期，5～10月降水量占全年的70%；多年平均蒸发量1314.0 mm，多年平均相对湿度82%；多年平均风速4.57 m/s，多年最大风速26.0 m/s(1974.8.19)，全年主导风向为NNE，秋冬风向为NNW(15%～18%)，夏季盛行ESE，频率为10%；每年平均登陆台风2.2次，每次持续时间约3天，最长为5天。

本工程边坡所处位置为丘陵区，场区附近地表水系不甚发育。发育的水系以山间小溪为主，源短流急，水位、流量变幅大，主要接受大气降水补给。台风暴雨季节及梅汛期等雨季流量较大，干旱季节常干涸断流。

2)地形地貌。

该边坡隶属于浙东低山丘陵区，地势起伏较大。坍塌段边坡地处沟谷地带，地势较低，自然斜坡坡度较缓，人工边坡高30～60 m。

3)地层岩性。

①前第四纪地层。

主要为早白垩纪馆头组含角砾凝灰岩。其中，中～微风化岩体主要为较硬岩~坚硬岩，强风化岩体为较软岩~软岩。

a. 全风化基岩：黄褐色、灰黄色；岩石已完全风化，呈土状、砂砾状，手捏即碎散，原岩结构尚清晰可辨；该层主要位于残坡积层下方，厚度变化大，分布不稳定，一般自山脊向山脚渐变厚，厚度一般为0.5~5 m；岩石结构较为松散，易塌落。

b. 强风化基岩：灰黄、灰褐等色；节理裂隙很发育，矿物多已风化蚀变，裂面见大量铁锰质渲染；岩石多呈碎块状，强度低；边坡区一般均有分布，为基岩表部风化形成，其厚度一般0.3~3.0 m，局部较厚，大于5 m。

c. 中风化基岩：青灰、紫红色；岩石硬脆，节理裂隙较发育，局部很发育，裂面有较多铁锰质渲染；该层分布于边坡大部分坡段，厚度一般大于6~10 m。

d. 微风化基岩：深灰色、青灰色，晶屑凝灰结构，块状构造；岩石坚硬，完整性较好，抗风化能力强，属硬质岩石。

②第四纪地层。

边坡区土体主要为残坡积层、坡洪积层及全风化基岩层。残坡积层厚度在上部山坡上一般0.5~3.0 m；坡洪积层主要分布在沟谷地带，局部厚度大于6.0 m。

含碎石粉质黏土：灰黄色；可塑，厚层状，中压缩性，含铁锰质氧化斑点；土质不均，均匀性差，夹少量砾砂、角砾、碎石等，角砾粒径一般5~20 mm，含量一般5%~10%，碎石径一般30~50 mm，含量一般10%~15%，大者可达100 mm以上，局部地段碎石、块石含量高时为含黏性土碎石。

4）地质构造。

工程区以断裂构造为主，褶皱构造不发育。其构造体系以新华夏系构造为主，即构成区内主要构造骨架。这一构造体系由一系列压性或压扭性断裂及挤压带、劈理带构成。伴随断裂带常出现一些平行的山体和线性的沟谷，有时形成明显的透镜状山体，显示了压性和压扭性断裂的特征。

边坡主要发育两组结构面，分别为：①330°∠58°，间距20~50 cm，闭合，无填充物；②270°∠40°，间距30~50 cm，闭合，无填充物。

区域地壳稳定性如下。

①地震活动主要受断裂构造的控制。据史料记载和地震台站记录，该地区地震活动的特点是强度较小、频率较低。

②场区地震动峰值加速度≤0.05 g，抗震设防烈度为Ⅵ度。

③区域地壳稳定性评价：区域地壳稳定性属稳定类型。

5）水文地质条件。

地下水可划分为松散岩类孔隙潜水、基岩裂隙水。

松散岩类孔隙潜水：主要为孔隙潜水，分布于近山坡凹沟及近山脚或山麓地带残坡积层和坡积裙、沟谷地带的坡洪积层处，含水介质为含碎石粉质黏土和含黏性土碎(块、砾)石。因含水层颗粒构成不同，透水性变化较大，一般呈弱~中透水状，地下水动态变化大，水量一般不大，水质为淡水。在山前和山麓地带，孔隙潜水主要接受大气降水补给，向下径流，主要补给地表水。

基岩裂隙水：基岩裂隙水可分为风化网状裂隙水及构造裂隙水。

①风化网状裂隙水：富水性一般与岩性、地形坡度、风化带厚度及植被发育程度等有关，具有埋藏浅、流量小、动态变化大、矿化度低、水质好等特点。

②构造裂隙水：富水性与节理发育程度、性质及断裂等有关，富水部位不均衡，以断裂带脉状裂隙水为主，富水性极不均一，水量较小，矿化度低、水质好。

基岩裂隙水接受大气降水的补给，主要在沟谷以下降泉的形式排出，径流短、循环交替强烈；部分向下渗透形成地下径流。

7.3.2 坍塌成因

坍塌段边坡地处山体的沟谷地带，地势较低，坡度较缓，为山体地表水的汇集区。两侧为山脊，地势相对较高，表层覆盖层主要以坡洪积层的含碎石粉质黏土为主，厚 7~8 m；下伏凝灰岩，为二元边坡，故本次稳定性分别按岩质边坡和土质边坡进行分析。

(1)岩质边坡破坏模式分析。

该边坡主要发育结构面有①330°∠58°、②270°∠40°，边坡倾向 310°，综合坡角为 41°，赤平极射投影分析如图 7-39 所示。

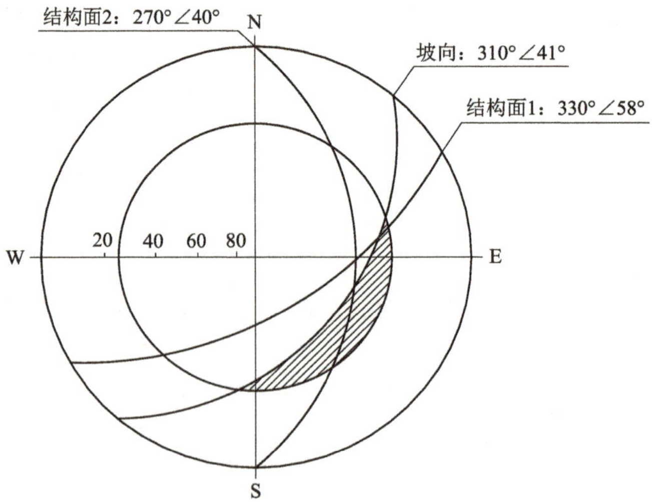

(判定：岩体结构基本稳定)

图 7-39 赤平极射投影

(2) 土质边坡破坏模式分析。

根据野外踏勘及结合室内资料整理分析得出，此次坍塌主要是山体沟谷地带的坡洪积层沿两侧山体的基覆界面发生滑动破坏。两侧基覆界面产状分别为：225° ∠45°(宁波向) 和 355° ∠48°(温州向)，交线产状约 290° ∠24°(图 7-40、图 7-41)。

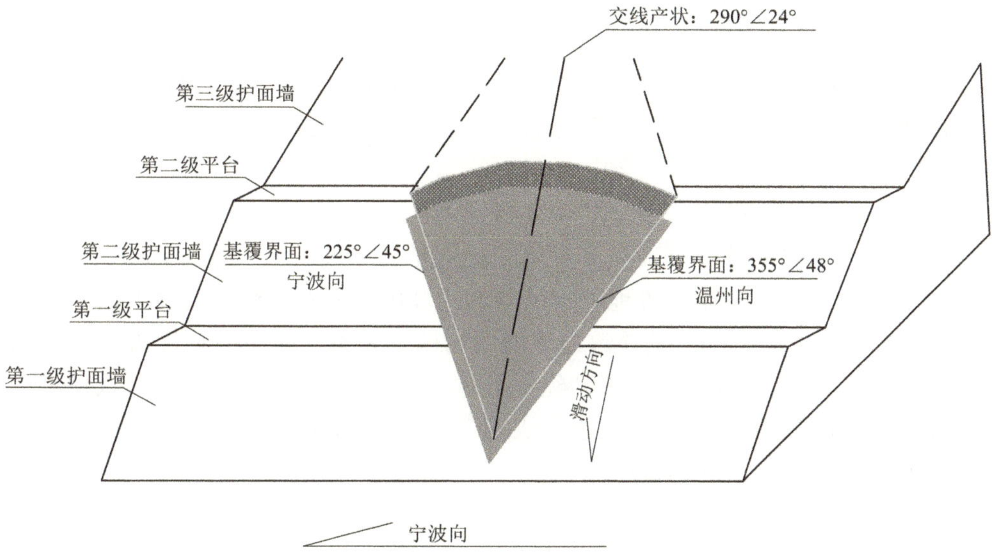

图 7-40　破坏模式

图 7-41　破坏模式照片

根据原有地质勘查资料，结合现场踏勘，分析 K1527+650 段边坡失稳破坏的原因主要有以下几个方面。

1）根据现场地形分析，坍塌处边坡两侧为山脊，地势相对较高。坍塌段边坡地处山体的沟谷地带，地势较低，坡度较缓，容易形成地表水的汇集区。

2）根据现场坍塌揭露的地质情况来看，该边坡第四纪覆盖层厚度较大，上部为残坡积层，下部为坡洪积层。基岩以全～强风化为主，岩土体工程地质性质较差。

3）坍塌段边坡两级护面墙的坡率分别为 1∶0.43、1∶0.76，坡度较陡，且未采取任何加固措施，导致边坡应力分布不平衡，受外界因素影响，边坡自稳能力相对较差。

4）经过近十年的营运，受自然风化侵蚀及雨水冲刷作用等的影响，护面墙普遍有勾缝脱落、护面墙开裂破损等现象。特别是坍塌处后缘未进行有效封闭，并有树木等植被发育，使雨水等地表水易渗入边坡内部而对边坡稳定性不利。

5）11 号强台风“海葵”是导致边坡坍塌的诱发因素。前期受 8 月初“苏拉”及“达维”双台风影响，边坡岩土体已经充分饱水。而本次“海葵”强台风致使浙东地区在短时间内发生强降雨，雨水的大量下渗使得岩土体物理力学强度急剧降低，且水压力增大，最终导致坍塌产生。

7.3.3 坍塌防治

根据坍塌段边坡现状坡面形态及地质情况，确定治理范围为 K1527+648～K1527+693 段边坡。其方案如下，典型治理剖面及防治完成后照片如图 7-42、7-43 所示。

（1）刷坡：采取自上而下的刷坡顺序。坡面松动的土、石块及浆砌片石必须彻底清除，不留第二次危岩；对于难以清除的危岩或危石，应采用随机锚杆进行加固。

（2）挡墙：第一级坡面设置钢筋混凝土挡墙，基底埋深不小于 0.6 m，挡墙路面以上高 10 m，坡率 1∶0.5；第二级坡面采用锚索肋板式挡墙，高 12 m，坡率 1∶1。墙身采用 C30 钢筋混凝土浇筑，墙体预留排水孔，间距 2 m×2 m，梅花形布置。第一级与第二级挡墙之间设置平台，平台宽随坡形变化，宽度不宜小于 2 m。

（3）砌补：在坍塌凹腔倒悬区域采用泡沫混凝土填充。泡沫混凝土密度等级不小于 D1000，强度等级不小于 F1.5。

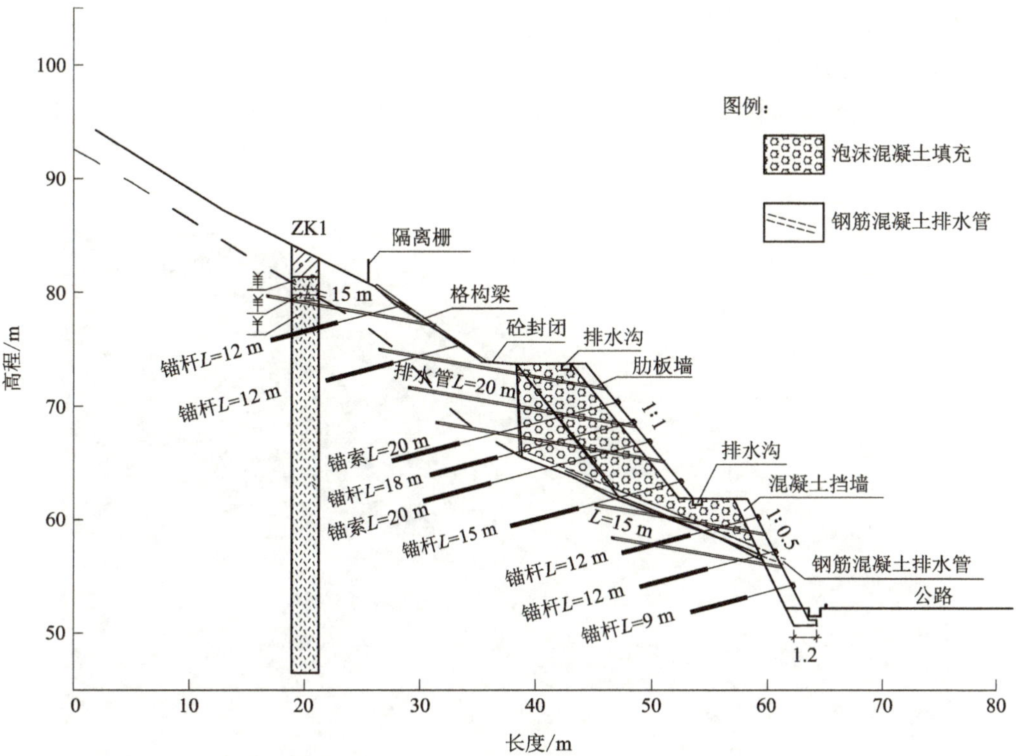

图 7-42　边坡坍塌治理典型剖面

(4)锚杆：第一、三级坡面增设锚杆加固，锚杆采用全长黏结型水泥砂浆锚杆。锚杆俯角 15°，孔径 130 mm，锚筋采用直径 28 mm 的 HRB400 螺纹钢筋，注浆采用 M25 水泥砂浆，注孔必须饱满。

(5)锚索：第二级坡面进行预应力锚索加固，采用压力分散型锚索，锚固段长 6 m；每孔 4 根 7ϕ5(公称直径 15. 24 mm)的钢铰线，锚索工作拉力为 440 kN，锚索孔径 130 mm，俯角 15°，间距 3. 5 m×3. 5 m。

(6)格构梁：对坍塌段后缘的第三级坡面采用格构梁作为锚杆传力机构。格构梁断面尺寸 300 mm×400 mm，格构尺寸 3. 5 m×3. 5 m；混凝土强度等级为 C30，格构梁每四跨设置一道伸缩缝。

(7)地表排水：在平台设置排水沟，坡表设置明沟对坡面及汇水区域的地表水进行排除，并对现有排水设施进行修补，以尽可能减少地表水的下渗。

(8)地下排水：整个坡面设置仰斜排水平孔，第一级和第三级坡面孔深 15 m，第二级坡面孔深 20 m，孔径 130 mm，仰角 10°。内设 100 mm 带孔塑料排水管，用于排除坡体内的地下水，避免强降雨过程中地下水动水位抬升。在坍塌段 V 形区域设置钢筋混凝土排水管进行排水，并做好反滤措施。排水管采用公称内径 200 mm 的Ⅲ级管。

(9) 平台砼封闭：平台采用 C20 混凝土封闭处理，混凝土厚度不小于 100 mm。

图 7-43　边坡坍塌防治完成后照片

参考文献

[1] 建设部. 岩土工程勘察规范 GB 50021—2001(2009 年版)[M]. 北京：中国建筑工业出版社，2009.
[2] 交通运输部. 公路工程地质勘察规范(JTG C20—2011)[M]. 北京：人民交通出版社，2011.
[3] 交通运输部. 公路桥涵地基与基础设计规范(JTG 3363—2019)[M]. 北京：人民交通出版社，2019.
[4] 住房和城乡建设部. 建筑边坡工程技术规范(GB 50330—2013)[M]. 北京：中国建筑工业出版社，2001.
[5] 国家市场监督管理总局. 滑坡防治工程勘查规范(GB/T 32864—2016)[M]. 北京：中国标准出版社，2016.
[6] 国家市场监督管理总局. 滑坡防治设计规范(GB/T 38509—2020)[M]. 北京：中国标准出版社，2020.
[7] 交通运输部. 公路滑坡防治设计规范(JTG/T 3334—2018)[M]. 北京：人民交通出版社，2018.
[8] 浙江省质量技术监督局. 高速公路边坡养护技术规范(DB33/T 2099—2018)[M]. 北京：人民交通出版社，2018.
[9] 住房和城乡建设部. 岩土锚杆与喷射混凝土支护工程技术规范(GB 50086—2015)[M]. 北京：中国计划出版社，2015.
[10] 陕西省市场监督管理局. 运营公路边(滑)坡监测技术规范(DB 61/T 1287—2019)[M]. 北京：人民交通出版社，2019.
[11] 湖北省市场监督管理局. 公路边坡监测技术规程(DB 42/T 1496—2019)[M]. 北京：人民交通出版社，2019.
[12] 中国地质灾害防治工程行业协会. 危岩落石柔性防护网工程技术规范(试行)(T/CAGHP 066—2019)[M]. 武汉：中国地质大学出版社，2019.
[13] 赵明阶，何光春，王多垠. 边坡工程处治技术[M]. 北京：人民交通出版社，2003.
[14] 蒋鹏飞，李志勇，舒安平，等. 公路边坡防护技术[M]. 北京：人民交通出版社，2011.
[15] 张倬元，王士天，王兰生，等. 工程地质分析原理[M]. 第四版. 北京：地质出版社，2016.
[16] 工程地质手册编委会. 工程地质手册[M]. 北京：中国建筑工业出版社，2018.
[17] 成永刚. 公路工程斜坡病害防治理论与实践[M]. 北京：人民交通出版社，2020.
[18] 门玉明等. 地质灾害治理工程设计[M]. 北京：冶金工业出版社，2011.
[19] 程良奎，李象范. 岩土锚固 · 土钉 · 喷射混凝土：原理、设计与应用[M]. 北京：中国建筑工业出版社，2008.
[20] 高民欢，李辉，张新宇，等. 高等级公路边坡冲刷理论与植被防护技术[M]. 北京：人民交通出版社，2005.
[21] 胡厚田. 崩塌与落石[M]. 北京：中国铁道出版社，1989.
[22] 盛初根. 宁波山区公路边坡安全性评价及防治措施研究[D]. 杭州：浙江大学，2010.
[23] 张显坤. 类土质边坡破坏的链式机理及对策跟踪[D]. 重庆：重庆交通大学，2008.

[24] 黄举松，卿翠贵，姚文杰. 浅析已运营高速公路高边坡安全风险防控工作研究[J]. 西部探矿工程，2017(2)：123-125.
[25] 刘新荣，梁宁慧，黄金国，等. 抗滑桩在边坡工程中的研究进展及应用[J]. 中国地质灾害与防治学报，2006，17(1)：56-62.
[26] 王浩，廖小平，刘代文，等. 福建省高速公路边坡病害类型分析[J]. 中国地质灾害与防治学报，2009，20(3)：40-43.
[27] 房锐. 公路边坡治理工程效果评价系统研究[D]. 北京：中国铁道科学研究院，2009.
[28] 常高奇. 辽宁省公路边坡落石灾害发育特征及防治研究[D]. 长春：吉林大学，2016.
[29] 郑义. 滑坡灾害演变规律及设防水平研究[D]. 重庆：重庆交通大学，2007.
[30] 王建锋，Wilson H Tang，崔政权. 块状岩体边坡倾倒破坏稳定性分析[J]. 中国地质灾害与防治学报，2001(4)：1-8.
[31] 郝建斌. 附加荷载作用下土层锚杆受力特性及病害机理研究[D]. 西安：西安科技大学，2010.
[32] 刘朋辉. 滑坡滑动机理及风险评价研究[D]. 北京：北京工业大学，2007.
[33] 陈广斌. 勉宁高速公路边坡稳定性评价及其防治[D]. 西安：西安科技大学，2004.
[34] 王雄，张建华. 水对边坡稳定的影响[J]. 山西建筑，2005，31(1)：62-64.
[35] 崔亮. 皖大别山区滑坡的形成机理和临滑判据研究[D]. 合肥：合肥工业大学，2013.
[36] 韩书栋. 黄土沟壑地区岩、土复合边坡破坏模式分析及其稳定性评价[D]. 西安：长安大学，2009.
[37] 刘才华. 岩质顺层边坡水力特性及双场耦合研究[D]. 武汉：中国科学院研究生院(武汉岩土力学研究所)，2006.
[38] 沈强. 山区高速公路层状岩质边坡稳定性监测与预测方法研究[D]. 武汉：中国科学院研究生院(武汉岩土力学研究所)，2006.
[39] 胡厚田. 崩塌分类的初步探讨[J]. 铁道学报，1985(2)：90-100.
[40] 高伟海. 危岩崩塌的链式演变过程及信息跟踪技术应用[D]. 重庆：重庆交通大学，2009.
[41] 刘玉洲. 崩塌灾害链式演化跟踪研究[D]. 重庆：重庆交通大学，2009.
[42] 王辉. 岩层厚度对顺层岩质边坡失稳机理的影响[D]. 贵阳：贵州大学，2009.
[43] 王蓉. 危岩发育机理与工程防治原理研究[D]. 重庆：重庆交通学院，2003.
[44] 吴琴. 岩质边坡崩塌破坏机理及其稳定性分析方法[D]. 重庆：重庆交通大学，2010.
[45] 叶万军，杨更社，郭西山. 黄土边坡剥落病害的类型及其发育特征[J]. 西安科技大学学报，2010，30(1)：52-57.
[46] 福建省高速公路施工标准化管理指南(边坡生态恢复)[M]. 北京：人民交通出版社，2010.
[47] 陈洪波. 路基边坡地质灾害防治技术信息系统[D]. 西安：长安大学，2007.
[48] 郑登贤，罗月明，滕军林. 降雨对边坡的作用机理及防治对策探讨[J]. 西部探矿工程，2009，21(5)：7-9.
[49] 吴宝和. 地表水和地下水对岩质边坡稳定性影响及防渗措施[J]. 中国地质灾害与防治学报，2003(3)：140-141.
[50] 尚岳全，蔡岳良，魏振磊，等. 滑坡虹吸排水方法[J]. 工程地质学报，2015，23(4)：706-711.
[51] 刘楚乔. 边坡稳定性摄影监测分析系统研究 [D]. 西安：长安大学，2007.
[52] 周丽静，卢才武，顾清华，等. 基于北斗系统的露天矿边坡位移监测系统研究[J]. 自动化

与仪表，2015，30(4)：35-38；
[53] 卿翠贵，陈敏，王华俊，等. 某营运高速公路滑坡灾害预测[J]. 地质学刊，2019，43(1)：171-174.
[54] 张乐飞. 浙江省公路滑坡稳定性分析及防治对策研究[D]. 西安：长安大学，2006.
[55] 杨晓法，王剑琳. 浅谈宁波甬台温高速公路一边坡滑移工程的应急处置[J]. 浙江交通职业技术学院学报，2014，15(1)：21-25.
[56] 杨超，王凯，曹运江，等. 浙江高速公路边坡病害调查及处治措施研究[J]. 公路，2019，64(3)：259-265.
[57] 张坚，郭朝华. 路堑高边坡施工方法及工程实例[J]. 中外公路，2004(1)：72-74.
[58] 蒋兴超. 滑坡地质灾害监测方法概述[J]. 长江大学学报(自然科学版)理工卷，2010，7(3)：345-347.
[59] 王华俊，许寅年，李俊明. 浙江上虞—三门高速公路 K270+700 边坡变形破坏分析及治理[J]. 中国地质灾害与防治学报，2012，23(2)：30-33，37.
[60] 王剑琳，闻人霞，王华俊. 甬台温高速公路某边坡变形破坏分析及治理[J]. 土工基础，2013，27(3)：33-35+53.
[61] 杨政武. 山区高速公路路堑边坡滑坡稳定分析及治理研究[J]. 交通建设与管理，2015(8)：139-141，144.
[62] 王飞. 高路堑边坡的整治技术的应用探析[J]. 江西建材，2014(6)：193-195.
[63] 黄建忠. 高速公路风化岩质边坡滑坡治理施工技术的应用[J]. 交通科技，2011(4)：70-72.
[64] 张福强，冯忠居，任俊甫，等. 山区公路边坡失稳防治技术研究[J]. 公路交通科技(应用技术版)，2007(4)：84-87.
[65] 吕建红，袁宝远. 边坡监测与快速反馈分析[J]. 河海大学学报，1999，27(6)：98-102.
[66] 罗志强. 边坡工程监测技术分析[J]. 公路，2002(5)：45-48.
[67] 武博强，张卫东，杨永健. 几种常用的边坡深部水平位移监测技术分析[J]. 山西建筑，2014，40(19)：53-54.
[68] 陈云敏，陈赟，陈仁朋，等. 滑坡监测 TDR 技术的试验研究[J]. 岩石力学与工程学报，2004，23(16)：2748-2755.
[69] 徐明明. 山区公路边坡处治方案优化决策方法研究[D]. 重庆：重庆交通大学，2014.
[70] 王方超. 公路复杂边坡处治技术的适宜性研究[D]. 成都：西南交通大学，2011.
[71] 王路. 山区公路边坡病害处治技术及方案决策研究[D]. 重庆：重庆交通大学，2012.
[72] 罗元斌. 边坡工程稳定性分析及处治技术研究[D]. 长沙：中南大学，2006.
[73] 曾军. 公路建设中的边坡治理[D]. 天津：天津大学，2004.
[74] 于水. 高速公路路基边坡冲刷与防护研究[D]. 天津：河北工业大学，2020.
[75] 宋朋燃. 黄土边坡冲刷破坏特征及数值模拟[D]. 长春：吉林大学，2013.
[76] 杨永波. 边坡监测与预测预报智能化方法研究[D]. 武汉：中国科学院武汉力学研究所，2005.
[76] 杨勇. 小湾电站右岸坝前边坡稳定性及治理措施研究[D]. 长沙：中南大学，2008.
[77] 罗勇. 大冶铁矿露天采场岩质边坡稳定性评价体系与分析方法研究[D]. 武汉：武汉工程大学，2012.
[78] 骆银辉，胡斌，朱荣华，等. 崩塌的形成机理与防治方法[J]. 西部探矿工程. 2008，12：1-3.

图书在版编目(CIP)数据

山区高速公路边坡防控及养护 / 王华俊等编著. —长沙：中南大学出版社，2023.7

ISBN 978-7-5487-5435-0

Ⅰ. ①山… Ⅱ. ①王… Ⅲ. ①山区道路—高速公路—边坡—公路养护 Ⅳ. ①U418

中国国家版本馆 CIP 数据核字(2023)第 122599 号

山区高速公路边坡防控及养护

SHANQU GAOSU GONGLU BIANPO FANGKONG JI YANGHU

王华俊　卿翠贵　王绍亮　马玉全　编著

□出 版 人　吴湘华
□责任编辑　史海燕
□责任印制　唐　曦
□出版发行　中南大学出版社
社址：长沙市麓山南路　　邮编：410083
发行科电话：0731-88876770　　传真：0731-88710482
□印　　装　广东虎彩云印刷有限公司

□开　　本　710 mm×1000 mm 1/16　□印张 11.5　□字数 231 千字
□版　　次　2023 年 7 月第 1 版　□印次 2023 年 7 月第 1 次印刷
□书　　号　ISBN 978-7-5487-5435-0
□定　　价　78.00 元